नव सुंदरकांड

अरुण कुमार त्रिपाठी

inkScribe

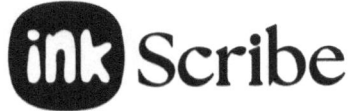

नव सुंदरकांड

Publisher: Inkscribe Media Pvt. Ltd

ISBN Number: 978-1-966421-18-4

आशीर्वाद

इस पुस्तक "नव सुंदरकांड "की रचना में हनुमान जी का प्रत्यक्ष आशीर्वाद मुझे प्राप्त हुआ है क्योंकि मैं अभी विदेश में अमेरिका में था और इसी समय नवरात्रि भी प्रारंभ हुई। इसी अवसर पर पुत्र निखिल त्रिपाठी मुझे यहां अमेरिका में ग्रेटर सिनसिनाटी स्थित हिंदू मंदिर में ले गया जहां मैंने भव्य और दिव्य हनुमान जी के दर्शन किए और उनसे भरपूर आशीर्वाद प्राप्त किया उसके पश्चात ही यह रचना बिना किसी बाधा के समय से पूर्ण हो गई। यह छवि उन्ही प्रभु हनुमान जी की है।

लेखक परिचय

नव सुंदरकांड के रूप में आपके हाथों में मेरी यह नवमी पुस्तक है। इससे पूर्व आठ पुस्तकें प्रकाशित हो चुकी हैं जिनमें से एक पुस्तक श्रीमद् भागवत गीता पर है और एक पुस्तक लघु खंड काव्य है शेष सातों पुस्तकें रामचरितमानस के आधार पर मेरे द्वारा हनुमान जी के आशीर्वाद पर लिखी गई है। सभी नौ पुस्तकें इस प्रकार हैं

रामचरितमानस का क्वचित अन्य

अद्यतन गीता

मेरी रामायण

नवधा रामायण

वैज्ञानिक सुंदरकांड

रण विजय अभियान

समर्पण

.भरत चरित मानस

नव सुंदरकांड

वैज्ञानिक सुंदरकांड के पश्चात सुंदरकांड पर ही दूसरी पुस्तक नव सुंदरकांड लिखने की आवश्यकता क्यों पड़ी ।इसका उत्तर यही है कि वैज्ञानिक सुंदरकांड में सुंदरकांड के वैज्ञानिक प्रश्नों का प्रसंगों का चिंतन है तो नव सुंदरकांडप में सुंदरकांड को 9 दिन में

पाठ करने के उद्देश्य से सुंदरकांड के 9 प्रसंग पर नव चिंतन किए गए हैं और उन्हीं को पुस्तक के रूप में आपके समक्ष प्रस्तुत किया गया है

मेरा विश्वास है कि मेरी पुस्तक नव सुंदरकांड का मनन करने के बाद रामचरितमानस के सुंदरकांड का पाठ करने वालों को विशेष आनंद प्राप्त हो

Contents

लेखक परिचय   v

जमवंत के वचन   9

वैज्ञानिक हनुमान   19

हनुमानजीऔरराम काज   27

आफत में अट्टहास   37

सुंदरकांड और निशकाम कर्म योग   47

साधु ते होइ न कारज हानी   55

ध्वनि और प्रकाश की गति   59

विभीषण की शरणगति   61

ढोल गवार शुद्र पशु नारी   73

यह संवाद जासु उर आवा   77

हनुमान जी का प्राकृट्योत्सव है   83

रहत न प्रभुचित चूक   95

1 जमवंत के वचन

सुंदरकांड के प्रारंभ की पहली चौपाई यही है

जामवंत के वचन सुहाए

सुनि हनुमान हृदय अति भाए

सुंदरकांड का प्रारंभ इसी चौपाई से हो रहा है इससे पहले जामवंत जी ने कुछ कहा ही नहीं है तो उनके कौन से वचन हनुमान जी को सुहाए प्रश्न उठता है, और क्यों सुहाए जो प्रसंग चल रहा था उसमें तो जरूर जामवंत जी ने कुछ कहा है लेकिन उन्होंने कोई नई बात नहीं की उन्होंने वही कहा है जो पहले सुग्रीव का चुके हैं यही कि आप सब बैनर जाइए और सीता जी का पता लगाकर आईए इसमें इसमें ऐसा क्या है जो हनुमान जी को सुहावने लगे

इसका सीधा मतलब यह है कि हनुमान जी को जामवंत जी के वचन अच्छे लगे गोस्वामी तुलसीदास जी अपने शब्द चयन के मामले में अपना कोई सानी नहीं रखते। उनका रामचरितमानस में कोई भी शब्द अनावश्यक अनावश्यक या गलत जगह पर नहीं पाया जाता इतनी अधिक सत्यता और शुद्धता के कारण यह कहा जाता है कि रामचरितमानस को तो स्वयं शंकर जी ने सत्यापित किया है इससे यह तो स्पष्ट होता है कि सुंदरकांड के प्रारंभ में गोस्वामी तुलसीदास जी ने जो लिखा है कि

जामवंत के वचन सुहाए

वह गलत नहीं है सही समय पर सही जगह सही शब्द चयन किया गया है तुलसीदास जी यह नहीं कहते कि जामवंत जी ने अच्छे वचन कहे वे केवल इतना कहना चाहते हैं की जामवंत जी के वचन (वे कैसे भी रहे हो) हनुमान जी को अच्छे लगे! किसी के वचन किसी को दो स्थितियों में अच्छे लगते हैं, वे वचन अच्छे हों अथवा सुनने वाले को मनोनुकूल लग रहे हो। इस बात का ध्यान रखते हुए ही हमें हमारे प्रश्न का उत्तर मिलेगा। पहले हम यह देखते हैं कि जामवंत जी के वचन कैसे हैं ।जामवंत जी के रामचरितमानस के किष्किंधा कांड के आखिरी दोहे में हैं वचन है

कहइ रीछपति सुनु हनुमाना

का चुप साधि रहेउ बलवाना

गोस्वामी तुलसीदास जीलिखते हैं कि जामवंत ने कहा हे हनुमान हे बलवान सुनो यह क्या चुप साध रखी है तुम कुछ बोलते क्यों नहीं तुम तो पवन के पुत्र हो और बल में पवन के समान हो तुम बुद्धि विवेक और विज्ञान की खान हो । जगत में ऐसा कौन सा कठिन काम है जो हे तात तुमसे हो न । इतना सब सुनने के बाद भी हनुमान जी में कोई हलचल नहीं हुई लेकिन जैसे ही जामवंत जी ने कहा कि।श्री राम जी के कार्य के लिए ही तो तुम्हारा अवतार हुआ है । यह सुनते ही हनुमान जी एकदम विचलित हो गए और अपने वास्तविक रूप में आ गए उनके शरीर को देखते हुए गोस्वामी तुलसीदास जी लिखते हैं उनका शरीर सोने के रंग जैसा है इतना तेज सुशोभित है ऐसा लग रहा है जैसे दूसरा पर्वतों को राजा सुमेर हो ।हनुमान जी बार-बार सिंह नाद करते हैं और जामवंत जी से पूछते हैं मैं इस खारे समुद्र को खेल खेल में पार जा सकता हूं और फिर सहायकों के सहित रावण को मारकर त्रिकूट पर्वत को उखाड़कर यहीं ले आउं

हे जामवंत जी मुझे तो आप यह बताइए कि मुझे क्या करना है।

हनुमान जी ने कुछ पूछा है और उसके बाद हनुमान जी को वह अच्छा लगा है जो इसके उत्तर में उन्होंने सुना

1. जामवंत में पूछहुं तोही

2. जामवंत के वचन सुहाए

सुनि हनुमान हृदय अति भाए

1. जामवंत में पूछउं तोही

ऐसा भावार्थ निकलता है कि जो सबको पता है वह काम हनुमान जी का नहीं है सबको पता है कि सुग्रीव के आदेश के अनुसार सभी को सीता की खोज करना है ।सुग्रीव ने स्पष्ट और सुस्पष्ट आदेश दिया है कि

सुनहू नीलअंगद हनुमाना

जामवंत मतिधीर सूजाना

सकल सुभट मिलि दक्षिण जाहू

सीता सुधि पूछेउ सब काहू

हे धीर बुद्धि और चतुर नील अंगद जामवंत और हनुमान तुम सब श्रेष्ठ योद्धा मिलकर दक्षिण दिशा की ओर जाओ और सब किसी से सीता जी का पता पूछना

इतना सब स्पष्ट आदेश होने के बाद भी हनुमान जी का जामवंत जी से यह पूछना कि मुझे क्या करना है । मायने रखता है इसमें कुछ रहस्य लगता है

इस रहस्य पर विचार करना है

सुनि हनुमान हृदय अति भाए

जामवंत जी के वचनों को हनुमान जी ने दो बार सुना है और दोनों ही बार अलग-अलग ढंग से सुना है जब जामवंत जी ने कहा कि आप तो पवन पुत्र हैं आपके लिए कोई भी काम कठिन नहीं है हनुमान जी आपका तो अवतार ही राम का काम करने के लिए हुआ है। इतना सुनते ही हनुमान जीपर्वत के आकार की भांति अति विशाल हो गए

रामकाज लगि तव अवतारा

सुनतहिं भयउ पर्वताकारा

जब जामवंत जी जी हनुमान जी की तारीफ कर रहे हैं प्रशंसा कर रहे हैं कह रहे हैं आप तो सब कुछ कर सकते हैं कठिन से कठिन काम कर सकते हैं आपको तो राम का काम करना ही है यह सब सुनकर के हनुमान जी के हाव-भाव कुछ प्रकट नहीं हुए हर्ष विषाद शोक या चिंता कुछ झलका नहीं ऐसा लगता है कि यह सब हनुमान जी को अच्छा नहीं लगा

बल्कि रामकाज लगि अवतारा यह सुनकर हनुमान जी कुछ विचलित हुए और आवेश में अपना विशाल स्वरूप प्रकट कर दिया यही हनुमान जी जब सुनते हैं कि

इतना करहु तात तुम है जाइ

सीतहिं देखि कहहु सुधि आई

हनुमान जी बहुत प्रसन्न हो जाते हैं राम कार्य करने के लिए आगे चल देते हैं यहीं पर रहस्य छुपा हुआ है जब जामवंत जी उन्हें रामकाज करने की याद दिलाते हैं तो हनुमान जी को अच्छा नहीं लगता और वे विध्वंसात्मक बातें करते हैं वही हनुमान जी जब सीता की खोज के लिए जामवंत जी को कहते हुए सुनते हैं तो प्रसन्न हो जाते हैं ।लेकिन जब कोई रामकाज की बात करता है तो हनुमान जी प्रसन्न नहीं होते बल्कि अपना शरीर विशाल कर लेते हैं यहीं पर

हनुमान जी की विशेष प्रसन्नता का रहस्य छुपा हुआ है क्योंकि रामकाज वह है जो हनुमान जी को करना है और जिसकी जानकारी हनुमान जी के अलावा केवल राम जी को है सीता की खोज करना हनुमान जी के लिए रामकाज नहीं है क्योंकि सीता का पता ठिकाना राम जी को और हनुमान जी को पहले से ही ज्ञात हैजो चीज पहले है मालूम है उसके लिए खोजने की आवश्यकता नहीं होती रावण के प्रहार से घायल होकरमरणासन्न अवस्था में पड़े जटायु ने एकदम स्पष्ट शब्दों में श्री राम को बता दिया है कि

हे नाथ जनक सुता सीता का अपहरण किसी और ने नहीं रावण ने किया है वह उनका अपहरण करके दक्षिण दिशा की ओर ले गया है

नाथ दसानन यह गति कीन्ही

तेहि खल जनक सुता हरि लीन्ही

लै दक्षिन दिसि गयऊ गोसाईं

रोवत अति कुररी की नाईं

इतना स्पष्ट पता ठिकाना मालूम होने के बाद सीता की खोज करना कोई काम नहीं रह जाता और राम जी ने सीता की खोज करने का काम हनुमान जी को सौपा भी नहीं है ।सीता की खोज करने का काम तो सुग्रीव ने और जामवंत जी ने सौंपा है। इस प्रकार इस समय हनुमान जी के पास दो काम है पहले सीता की खोज करना जैसा सुग्रीव ने और जामवंत जी ने कहा है और दूसरा राम कार्य करना जैसा श्री राम ने कहा है

एक बात और समझ लीजिए जो रामकाज है जैसा राम ने सोपा है वह राम जी को और केवल हनुमान जी को पता है जो की परम गोपनीय है जिसे श्री राम जी ने सबके सामने हनुमान जी को गोपनीय ढंग से रण विजय के लिए रणनीति बनाते हुए सौंपा है।

पहला काम सीता जी कीखोज

श्री राम ने हनुमान जी को बताया

इहां हरी निसिचर वैदेही

विप्र फिरहिं हम खोजत तेही

जब हनुमान जी की श्री राम जी की प्रथम मुलाकात हुई है तभी श्री राम जी ने हनुमान जी को बता दिया है कि वह अपनी पत्नी सीता जी की खोज कर रहे हैं हनुमान जी ने राम जी की सुग्रीव से मित्रता कराई और सुग्रीव से राम जी ने कहा

हे मित्र अब आप वही उपाय करिए जिससे मैं सीख रही शीघ्र ही सीता का समाचार प्राप्त कर सकूं

इस पर राजा सुग्रीव ने आदेश दिया कि

जनक सुता कहुं खोजहु जाइ

मांस दिवस महं आएहु भाई

ऐसे सार्वजनिक आदेश के अलावा सुग्रीव ने स्पष्ट आदेश भी किया है

सुनहु नील अंगद हनुमाना

जामवंत मतिधीर सुजाना

सकल सुभट मिलि दक्षिन जाहू

सीता सुधि पूछेउ सब काहूं

इस प्रकार सुग्रीव के आदेश अनुसार हनुमान जी के पास सीता की खोज एक काम है इसके बाद जामवंत जी ने भी सीता जी की खोज करने का काम हनुमान जी को दिया उन्होंने कहा

एतना तात करहु तुम जाइ

सीतहिं देखि कहहु सुधि आई

इस प्रकार सभी ने हनुमान जी को सीता की खोज करने का काम मुख्य रूप से सौंपा है किंतु राम जी ने इसको रामकाज के रूप में हनुमान जी को नहीं सोपा है ।रामकाज हनुमान जी को सौंपते समय श्री राम जी ने इस बात का ध्यान रखा है कि जो काम भी हनुमान जी को सौंप रहे हैं उसे कोई दूसरा समझ न पावै

आईये उसी गोपनीय रामकाज के संबंध में विचार करते हैं

पाछे पवन तनय सिर नावा

जानि काज प्रभु निकट बुलावा

परसा सीस सरोरुह पानी

करमुद्रिका दीन्ह जन जानी

बहू प्रकार सीतहिं समझाएहु

कहि बल बिरह बेगि तुम्ह आएहु

हनुमत जन्म सफल करीमना

चले हृदय धरि कृपा निधाना

चल शक्ल बना खोजत

सरिता सर गिरि खोह

रामकाज लय लीन मन

विसरा तन कर छोह

सबसे अंत में हनुमान जी ने राम जी को सिर नवाया अपने कार्य का विचार करके प्रभु ने उन्हें अपने पास बुलाया उन्होंने अपने कर कमल से उनके सिर का स्पर्श किया तथा अपना सेवक जानकर उन्हें अपने हाथ की अंगूठी उतार कर दी और और कहा बहुत प्रकार से सीता को समझाना और मेरा बल तथा विनय कहकर तुम शीघ्र लौटना हनुमान जी ने अपना जन्म सफल समझा और कृपा निधान प्रभु को हृदय में धारण करके वह चल दिए। कल तक जो इधर-उधर उछल कूद करने वाली कपि थे। वानर राज सुग्रीव और युवमननराज अंगद विशेष सचिव जामवंत आदि महान लोगों के सामने श्री राम ने अपने काम के लिए हनुमान जी को चुना ।और उन्हें अपना खास समझा हनुमान जी के सर पर राम जी ने अपना हाथ फेरा अपने अत्यंत समीप बुलाकर अपने हाथ की अंगूठी दी कहा सीता को बहुत प्रकार से समझाना, मेरे बल और विरह का बखान करके तुम शीघ्र लौट आना। श्री राम जी ने संकेत संकेत में अपने दिल की बात हनुमान जी को बता दी ।सीता बहुत दुखी है तू सीता को बहुत प्रकार से समझता है। बल और विरह का वर्णन करना है कूटनीति में और कोड वर्ड में श्री राम जी ने हनुमान जी से बहुत कुछ कह दिया और ज्ञानियों में अग्रगण्य हनुमान जी ने सब कुछ समझ भी लिया। ध्यान दीजिए राम जी ने हनुमान जी से कहा है कि सीता को बहुत प्रकार से समझाना ।बल का बखान करना और शीघ्र लौटना बाल का बखान करके शीघ्र लौटना है इसी में गहन संदेश छुपा हुआ है ।राम ने हनुमान जी को समझा दिया है की सीता को समझा बुझा करके उसका दुख दूर करना है और रावण से राम के बल का बखान करना है ।और इस प्रकार करना है कि तुम्हें शीघ्र लौटने की आवश्यकता पड़ जाए। ऐसा था

रामकाज जो राम ने हनुमान जी को सुपर गोपनीय रूप से सोपा है जब से राम जी ने हनुमान जी को अपना विशेष समझा है तब से हनुमान जी बहुत प्रसन्न है। अपने सेकह रहे हैं और इसी उधेड़बुन में लगे हैं कि कैसे राम का कार्य संपन्न करना है राम के कार्य में हनुमान जी इतने लवलीन हो गए कि उन्हें बाकी और कुछ ध्यान नहीं रहा जब सभी लोग सागर कैसे पार किया जाए इस पर विचार कर रहे थे तब हनुमान जी राम कार्य कैसे संपन्न करना है इस पर चिंतन कर रहे थे अपने साथियों की बातों पर ध्यान नहीं दे रहे थे इसलिए सब साथी बोल रहे थे और हनुमान जी चुपचाप बैठे थे जब जामवंत ने उन्हें सचेत किया और कहा कि आप कुछ बोलते क्यों नहीं आपको तो राम का कार्य करना है यह सुनते ही हनुमान जी एकदम चौंक गए, वे सोचने लगे की राम कार्य के बारे में जामवंत जी को कैसे पता चल गया राम जी ने तो गोपनीय रूप से मुझसे कहा है और मैंने किसी और को बताया नहीं है फिर गोपनीयता भंग कैसे हो गई। इसी चिंतन में हनुमान जी आवेशित हो गए और अपना विशाल स्वरूप दिखा दिया गोपनीयता भंग हुई है तब गोपनीय कार्य के बारे में जामवंत जी को भी पता है। या नहीं इसे निश्चित करने के लिए हनुमान जी ने जामवंत जी से पूछा बताइए मुझे क्या करना है समुद्र लांघना है कि रावण को मारना है कि त्रिकूट पर्वत को घर लाना है कि सीता को लाना है बताइए क्या करना है। मतिधीर हनुमान जी ने अपने मन में सोचा कि अगर जामवंत जी यह सब कुछ करने के लिए कहेंगे तो उसे अनुमान लग जाएगा की जामवंत जी को राम जी के गोपनीय कार्य की जानकारी है। गोपनीयता का भंग हो जाने की आशंका से हनुमान जी बहुत विचलित हैं। बहुत चिंतित है कि राम जी ने मुझ पर बहुत विश्वास किया और अगर गोपनीयता भंग हो गई है तो राम जी मेरे बारे में क्या सोचेंगे ।इसी चिंतन से हनुमान जी चिंतित हैं लेकिन जब जामवंत जी ने कहा नहीं नहीं तुम्हें यह सब नहीं करना है तुम्हें तो जाकर के सीता की सुधि ले करके उसका समाचार वापस राम जी को देना है, बस केवल इतना करना है। इतना सुनते ही हनुमान जी को यकीन हो गया की

जामवंत जी को राम के गोपनीय कार्य की जानकारी नहीं है।
औरतब हनुमान जी को जामवंत जी के यह वचन

एतना करहु तात तुम्ह जाइ
सीताहिं देखि कहो सुधि आई

सुहावने लगे
ओम जय श्री सीताराम

2 वैज्ञानिक हनुमान

श्री हनुमान जी विज्ञान के निधान थे। उनकी इस उपाधि कोपरीक्षित किया था जाम्बवंत जीने और उसका दिग्दर्शन कराया है गोस्वामी तुलसीदास जी ने सुंदर कांड में।मैंनेयह स्पष्ट करनेकी कोशिश की है कि राम चरित मानस में सुंदर कांड में उल्लिखित

"निसिचर एक सिंधु मह.रहही

करि माया नभ के खग खहहि, "।

यहकोईजीवधारी निसाचर नहीं था बल्कि वह एक अत्यन्त उन्नत कोटि का एक वैज्ञानिक संयंत्र था जो कि रावण द्वारा लंका की सुरक्षा के लिए समुद्र केअंदर

स्थापित किया गया था तथा जो देखने में निशाचर जैसा दिखता था।।जो कि आकाश मार्ग से गजरने वाले किसीभी आब्जेक्ट को पलक झपकते नष्ट कर सकता था। हनुमानजी के सामने इसे ही नष्ट करने की चुनौती थी हनुमानजी ने उसे ध्वस्त करने में सफलता प्राप्त की।, कैसे,

सामान्यतः यह कहा जाता है कि वहवह कोई निसिचर ही था जिसे मारकर हनुमानजी ने सागर पार किया था

"ताहि मारि मारुतसुत वीरा वारिधि पार गयऊ मतिधीरा

सामान्य रूप से यही स्वाभाविक अर्थ निकलता है।लेकिन विचारकर अर्थ करने पर मेरे मत की ही पुष्टि होती है कि वह कोई

निसचरी नहीं थी पहले मैं यह देखता हूँ कि इस चौपाई कासामान्य अर्थ

क्यों सटीक नहीं है।चौपाई मे उल्लेख है कि हनुमानजी ने उ.स तथकथित निसिचरी को मारा, यही बात सही नहीं लगती।क्योंकि हनुमानजी किसी को मारे और वह सामान्य बना रहे, यह हो नहीं सकता उदाहरण देख सकते हैं -

1. मुठिका एक महा कपि हनी

   रुधिर बमत धरनी ठनमनी

2. विकल होसि तैं कपि के मारै

3. मुठिका मारि चढ़ा तरु जाई

   ताहि एक छन मूरछा आई

4. तब मारुत सुत मुठिका हन्यो (कुंभकर्ण)

   पर्यो धरनि व्याकुल सिरधुन्यो

5. मुठिका एक ताहि कपिमारा

   परेऊसैल जनु बज्र प्रहारा (रावण)

बिल्कुल स्पष्ट है कि यदि हनुमानजी ने किसी जीवित प्राणी, भले ही निसाचर को मारा होता तो कुछ नकुछहलचल प्रतिक्रिया, रोना गिरना आदि अवश्य होता ऐसा कुछ नहीं हुआ इसीसे स्पष्ट है कि वह निसाचर जीवित प्राणी नहीं था वरन् निसाचर आकृति का वैज्ञानिक संयंत्र जल राडार था।

फिर हनुमानजी ने मारा किसे? क्योंकि हनुमानजी ने मारा तो है इसीलिये लिखा गया है कि"ताहि मारि मारुत सुत वीरा "औरमारकर ही सागर पार करसके।"वारिधि पार गयऊ मतिधीरा।"इसी चौपाई मे ही सारा रहस्य समाहित है।हनुमानजी, मतिधीर होने के कारण तथा मारुत सुत होने कारण उसकोमारकर सागर पार हो

गये।अगरशक्तिशाली निसाचर कोमारना होता तो तुलसी दास जी ने समर भयंकर अति बलबीरा अतुलित बलधामं सरीखे हनुमानजी को लगाया होता।

यहां हनुमानजी ने जिसे मारा है उसके लिए मतिधीर हनुमान की आवश्यकता थी यही नहीं बुद्धि के साथ साथगति में तीव्रता कीआवश्यकता थी ।तबतुलसी ने पवन से भी तीव्र गति वाले "मारुत सुत"नामक हनुमानजी को काम में लगाया और तुरंत ही परिणाम भी मिल गया

"ताहि मा रि मारुत सुत वीरा।

वारिधि पार गयऊ मतिधीरा।

कमाल है तुलसी का शब्दों के चयन मे पूर्ण महारत हा सिलहै।जब.खतरों को भांपने केलिए बानरों जैसी चपलता.की आवश्यकता थी तो हनुमानजी मे "कपि "को ढूंढ़ लियायहतोआप चाहे जब अनुभव कर सकते हैं।किसी बंदर को भगानेया मारने काउपक्रम करिए आप किसी क्रिया को अंजाम दे पाये।इससें पहले ही वहबंदर वहां से जा चुका होगा अथवा भयानक चेहराबनाकर आपको डरा कर आपको भगा चुका होगा इतनी शीघ्रता से वह खतरा भांप लेता है।इसीलिए

तासु कपट कपि तुरतै चीन्हा।

फिर जरुरत के अनुसार मतिधीर मारुतऔर सुत हनुमान कौ ढूंढ़ लेते हैं आप भी देखिये

1. कपि हनुमान --"तासु कपट कपि तुरतहि चीन्हा

2. मारुत सुत हनुमान--"ताहि मारि मारुत सुत व 3---वारिधि पार गय ऊ मतिधीरा।

।कैसे मारा, यहभी रहस्य है ।क्योंकि वो निसिचर तो समुद्र केअंदर था समुद्र से बाहर निकला नहीं हनुमानजी समुद्र के अंदर

गये नहीफिर मारा कब और कैसेमारा, किसेमारा।, भई मारा तो उसे जासकताहै .जो सामने हो और दृश्य हो।यहां ऐसा नहीं।है ।हनुमानजी आकाशमे हैं . निसिचर समुद्र के अंदर।आपस मे लड़ाई हुई ही नहीं फिर ताहि र्मारि मारुतसुत वीरा।, कैसे।

तुलसीदास जी के एक एक शब्द पर ध्यान देने की आवश्यकता है, .निसिचर एक सिंधु मह रहही, समुद्र के अंदर एक निसिचर रहता था।उसका कोई नाम तो रहा होगा, बताईये न, नहीं मालूम। कोई नाम उसका था हीछं नहीं क्योंकि वह कोई जीव धारी था ही नहीं।वहतो एक वैज्ञानिक संयंत्र था।हरजगह जहाँ भी कोई राक्षस मिला है तुलसी ने उसका नाम जरूर मालूम करलिया है। शुरू से देखिये

1. चले जात मुनि दीन्ह दिखाई।?^त्रं सुनिताड़िका क्रोध करधाई।।
2. सुनि मारीच निसाचर कोही
3. पावक सर सबाहु पुनि मारा

क्रमशः

4. मिला असर विराध मग जाता।

आवत ही रघुवीर निपाता।।

5. सूपनखा रावन कै बहिनी
6. दूतन्ह जाईतुरत सब कहेऊ।

   सुनिखखरदूषन उर अति.दहेऊ।।
7. नाम लंकिनी एक निसिचरी
8. त्रिजटा नाम राक्षसी एका

स्पष्ट है कि जहाँ भी जीवधारी निसिचर या निसाचर मिला है, तो उसका नाम भी मिलता है ।।लेकिन यहाँ पर निसिचर का नाम तुलसी दास जी ने नहीं लिखा, क्यों? क्योंकि वह कोई जीवित नसिचर था ही नहीं।अब इस प्रसंग का सहीभावार्थ इस प्रकार होगा समुद्रके अंदर निसिचर जैसी कोई भयानक आकृति का एक संयंत्र स्थापित था जो माया (अपनी टेक्नोलॉजी से) करकेआकाश गामी प्रत्येक आब्जेक्ट को अपने मे भस्म सात कर लेता था।।

"निसिचर एक सिंधु मंह रहही।

करि माया नभकेखग गहही।।

किस प्रकार नभकेखग

गहहि, वह देखिये

जीव जंतु जे गगन उड़ाहीं

जलविलोकि तिनकै परछाई। फिर

गहहिं छाह सक सो न उडाई।

एहिबिधिसदा गगन चर खाई।।

अर्थात

सागरमेस्थापित वह विशालकाय निसिचर सरीखा संयंत्र गगनचारीआब्जेक्ट की समुद्र के जल मैं उसकी परछाईं को देखकर उसे जकड़ लेता था।वह वहीं गतिशून्यहोकर गिर कर उसी संयंत्र मे गिरकर भस्मसात हो जाता था। इसकी विभीषिकाबहुत भयंकर थी।

उसने (उस संयंत्र ने)"सोई छल हनुमानसन कंह कीन्हा"। हनुमानजी के प्रति भी उसने वही छल किया।कौनसा?कहीं स्पष्ट नहीं।अतः वही किया जो इससे पहले किया था या कर सकती थी।अर्थात वहही क्रिया वही टेक्निक उस निसाचर नुमा संयंत्रने

हनुमानजी के साथ किया।उसने वही किया जोकर सकता था अगर निसिचर होता तो स्वभावतः हनुमानजी को सुरसा की तरह खाने की कोशिश करता।लेकिन उसने वहीकिया जो एक संयंत्र कर सकता था। गहहिं छांह, छांह पकड़ने की कोशिश।यहाँ से शुरु होता है खतरों को पूर्व भांपने एक कपि की निपुणता और मारुत सुतकीगति की तीब्रता, तथा बुद्धि विवेक विज्ञान निधाना हनुमानजी की परीक्षा।

"तासु कपट कपि तुरतै चीन्हा"

हनुमानजी ने उस, संयंत्र के (समुद्र के अंदर छुपकर आघात करने के)कपट को, छलको एक बानरके आगत खतरे को तुरंत भांपने कीतरहकपि नेउस संयंत्रके(छांहकोि पकड़करगतिशून्य करनेकीटेक्निक को)तुरंत ही समझ लिया तब

"ताहि मारि मारुत सुत वीरा

वारिधि पार गयउ मतिधीरा"

ताहि मारि उसे मार कर.उसे किसे निसिचर को नहीं वो तो कहीं है ही नहीं, संयंत्र को, नहीं संयंत्रकी छांहपकड़ने की टेक्निक को, हां इसी कपट को हनुमानजी ने तुरतैं चीन्हा था (समझा था)ताहि मारि इसी टेक्निक कोमारा।इसे मारने में हनुमानजी ने मतिधीराऔर मारुत सुत होने का परिचय दिया।अभी तत्काल कार्य हनुमानजी के सामने था कि वह मायावी संयंत्र परछाईं न पकड़ने पाये।इसके लिए परम् वैज्ञानिक, विज्ञान निधाना हनुमानजी ने ऐसी चाल चली कि परछाईं बनी ही नहीं और मतिधीर बुद्धिमान हनुमानजी सागर के पार होगये।

वो कैसे, जैसे ही हनुमानजी को संयंत्र की परछाईं पकड़कर गतिशून्य करने कीटेक्निक पता चला(तासु कपट कपि तुरतै चीन्हा)वैज्ञानिक हनुमानजी को याद आगया कि एक निश्चित ऊंचाई केबाद जमीन में या समुद्र में परछाईं नहीं बनेगी, मारुत सुत मारुति

कीगति से ऊपर पहुंचे और फिर ऊपर ही ऊपर स सागर पार कर लिया। """वारिधि पार गयऊ मतिधीरा"

इसमे कोई आश्चर्य की बात नहीं है। आप स्वयं कर सकते हैं एकपेन की परछाईं धूप से बनाइये.अब पेन कोऊपर और और ऊपर ले जाइये आप देखेंगे किपरछाईं नहीं बन रही। इस तरह विज्ञान निधाना हनुमान जी ने उस संयंत्र कीटेक्निक (कपट) को कपि जैसी शीघ्रता से पहचान कर समुद्र में परछाही न बन सके की ऊंचाई तक जाकर संयंत्र की टेक्निक को मारकर (निष्प्रभावीकर) बुद्धिमान। हनुमान जी ने वारिधि को पार कर लिया।वारिधि पार गयउ मति धीरा।

जयश्रीराम।

अरुण कुमार त्रिपाठी

गोमती नगर लखनऊ

3 हनुमान जीऔर राम काज

हनुमान जी

और राम काज

हनुमान जी के लिए कहा गया है कि राम काज करने को आतुर हैं।राम का कार्य करने के लिए हनुमान जी सदा तत्पर रहते हैं हम सभी जानते हैं कि हनुमान जी समुद्र लांघ करलंका जाकर सीता का पता लगाए थे ।यही उनको काज सौंपा गया था । हनुमान जी तो राम काज करने को सदैव तत्पर रहते हैं लेकिन सीता की खोज में उन्होंने कहीं भी आतुरता नहीं दिखाई । लंका पहुंचकर हनुमान जी सबसे पहले जिस महत्वपूर्ण व्यक्ति से मुलाकात करते हैं वह हैं विभीषण ।विभीषण की हनुमान जी की लंबी वार्ता होती है ।लेकिन इस वार्तालाप मे भी हनुमान जी एक बार भी विभीषण से सीता जी के बारे में कोई जिज्ञासा नहीं ब्यक्त करते । वार्ता के मध्य में जब अपनीओर से बिभीषण खुद से ही बताते ङहै कि अशोक वाटिका में सीता जी हैं तब हनुमान जी कहते हैं कि मुझे माता के दर्शन करा दो। उसके बाद हनुमान जी की सीता जी से भेंट हो जाती है। हनुमान जी मेघनाथ के द्वारा बांधे जाते हैं और रावण के दरबार में उपस्थित होते हैं और रावण से कहते हैं कि आप के पुत्र ने मुझे गलत बांध लिया है। मैं तोइस बंधन को भी नकार सकता था लेकिन मैंने अपने प्रभु काकामकरने के करने के लिए ही मेंने बंधन स्वीकार किया है ।स्पष्ट है कि सीता जी की सुधि लेने के बाद भी अभी राम काज बाकी है जिसे करने के लिए हनुमान जी ने बंधन स्वीकार किया था। आइयेअब समझते है राम काज क्या था ।

राम काज

राम काज करने को आतुर हनुमान जी का अवतार राम काज करने के लिए ही हुआ है ऐसा जाम्बवंत जी ने हनुमान जी को उनके बल का स्मरण कराते हुए कहा है

राम काज लगि तव अवतारा

लेकिन राम काज है क्या इसे कहीं परिभाषित करते हुए स्पष्ट नहीं किया गया है सामान्यत: सीता की खोज करना ही राम काज माना गया है। जिसे करने के लिए हनुमान जी को जिम्मेदारी सौंपी गई है ।जैसा कि सुग्रीव और जामवंत जी ने स्पष्ट भी किया है जामवंत जी कहते हैं

इतना करहु तात तुम जाई ।

सीतहि देखिकहहु सुधि आई ।।

जामवंत जी ने कहा कि हनुमान जी आप न तो त्रिकूट पर्वत को उखाड़ कर यहां लाइए और ना ही सहायकों सहित रावण को मार डालिए, और ना ही समुद्र का भक्षण करिए आप तो केवल जाकर इतना ही करिए सीता जी को देखकर लौट आइए और यही संदेशाश्री राम जी को दीजिए ।इसी प्रकार सुग्रीव ने भी सीता जी की खोज करना ही राम काज बताया है राम का काम और मेरा अनुरोध है आप लोग जनक सुता की खोज करने के लिए जाइए और एक माह के अंदर वापस लौट कर समाचार दीजिए

राम काजअरु मोर निहोरा

बानर जूथ जाहु चहुं ओरा

जनक सुता कंह खोजहु जाई

मास दिवस मंह आयहु भाई ।

लेकिन नहीं सीता की खोज करना राम काज नहीं था क्योंकि सीता का अता पता ठिकाना सब कुछ राम को पता था जटायु ने बताया था

नाथ दशानन यह गति कीन्हीं ।

तेहि खल जनक सुता हरि लीन्हीं ।

ले दक्षिण दिसि गयऊ गोसाई

विलपति अति कुररी की नाई

इसलिए सीता की खोज की आवश्यकता थी ही नहीं।सीताखोज की आड़ में राम को अपना काम कराना था इसीलिए जब हनुमान जी ने सीता की खोज के लिए प्रस्थान करने के लिए सबसे अंत में राम जी को प्रणाम किया तो राम जी ने अपने काम का स्मरण करते हुए अपने जन हनुमान जी कोअत्यंत निकट बुलाया और समझाया हनुमान जी आपको मेरा काज करना है, और रामकाज क्या है यह उन्होंने हनुमान जी से बहुत गोपनीय ढंग से एकांत में बताया है इसीलिए श्री राम जी ने हनुमान जी को अपने निकट बैठाकर अपना गोपनीय संदेशा देकर और अपनी अंगूठी दे कर हनुमान जी को कृतार्थ किया है। ऐसा ही कुझ गोस्वामी तुलसीदास जी जी ने लिखा है

आप स्वयं देखिए और पूरा प्रसंग समझिए

पाछे पवन तनय सिर .नावा

जानि काज प्रभु निकट बुलावा

परसा सीस सरोरुह पानी

कर मुद्रिका दीन जन जानी

इसके बाद श्री राम जी ने यही कहा कि हनुमान जी सीता को बहुत प्रकार से समझाना जिससे उसके मन में कोई संदेह न रह जाए आपको बल का बखानभी करना है और बिरह का बखान करना है । प्रगट में श्री राम जी ने बहुत थोड़े शब्दों में बहुत कुछ कह दिया है लेकिन श्री राम ने हनुमान जीसे यह नहीं कहा कि सीता की खोज करना है क्योंकि उन्हें तो मालूम था ही किसीता कहां पर है सीता कहां हैं यह तो जटायु ने बताया था ना

नाथ दशानन या गति कीन्हीं ।

तेहिखल जनकसुतहिं हर लीन्ही

श्री राम ने जो काम सौंपा है

पहला कामहै।

बहु प्रकार सीतहि समझाएहु

और दूसरा काम है

कहिबलबिरहबेगितुम आएहु

सीता को बहुत प्रकार से समझाना है यह पहला कार्य है और दूसरा कार्यबताया है बल का और विरह का वर्णन करके शीघलौट आना ।सीता को समझा कर वापस लौटने के लिए राम ने नहीं कहा सीता को तो बहुत प्रकार से समझाना है उसमेसमय लग सकता है इसलिए शीघ्र लौट आना ऐसा नहीं कहा । इसके बाद जो दूसरा काम है

कहि बल बिरह

यह ऐसा काम है कि इसके बाद स्थिति खराब हो सकती है इसलिए अब राम ने कहा कि शीघ्र लौट आना सीता से बिरह का और रावण से बल का बखान करना हे, ऐसा राम ने संकेत दिया है, स्थित खराब हो सकती है तब जब बल का बखान तथा बल का प्रदर्शन रावण के समक्ष किया जाएगा तब रावण क्रोधित होकर

हनुमान जी को बंदी बनाने की कोशिश करेगा ऐसा सोच कर ही राम ने कहा कि बल और बिरह का बखान करने के बाद शीघ्र लौट आना इस प्रकार यह संकेत मिलता है कि राम का काज सीता की खोज करना नहीं बल्कि रावण को समझाना और उसको उसकी औकात दिखाना ही था और ऐसा ही हनुमान जी ने किया भी ।जिसकी शुरुआत होती है हनुमान जी के कथन से कि राम का काम करने से पूर्व मुझे विश्राम नहीं करना विश्राम नहीं करना

राम काज कीन्हे बिना मोहिं कहां बिश्राम

सीता की खोज करना औरराम का कार्य करना दो अलग-अलग काम करना है । ऐसा हनुमान जी ने ही स्पष्ट किया है जब सुरसा हनुमान जी को खाने की कोशिश करती हैतब भी हनुमान जी कहते हैं कि हे माता मुझे अभी जाने दे मुझे सीता माता की खोज करना है और राम का कार्य करना है यह दोनों कार्य करके मैं स्वयं अपने को तुम्हे समर्पित कर दूंगा, तब तुम मुझे खा लेना

1. राम काज कर फिरि मै आवौं
2. सीता कि सुधि प्रभुहिं सुनावौं।

यह बात सुरसा को समझ में आ गई इसीलिए उसने बाद में हनुमान जी को आशीर्वाद देकर कहा कि हनुमान जी आप बड़े बुद्धि निधान हैं आप बल और बुद्धि के निधान हैं आप श्री राम जी के सब कार्य करने में सफल होंगेऐसा आशीर्वाद दिया।सुरसा ने हनुमान जी को सब कार्य सफल करने का आशीर्वाद दियाहै सुरसा और हनुमान जी के मध्य हुए इस कथोपकथन से यह सिद्ध हो जाता है की हनुमान जी(एक से ज्यादा)दो कार्य लेकर लंका की ओर जा रहे हैं

1. सीता की सुध लेना और
2. राम का कार्य करना

राम काज सब करिहहु तुम बल बुद्धि निधान आशीष देइ गई सो हरषि चलेउ हनुमान

हम आगे इसको और स्पष्ट कर रहे हैं

हनुमान जी ने सीता माता को खोज लिया है विभीषण ने बता दिया है कि सीता जी कहां है और किस हालत में है हनुमान जी कहते हैं कि हे भाई मैं भी सीता माता को देखना चाहता हूं ।

पुनि सब कथा बिभीषण कही

जेहि विधि जनक सुता तंह रही

बिभीषण जी युक्ति समझाते है और उसके अनुसार ही हनुमान जी सीता जी के पास पहुंच जाते है ।अगर सीता की खोज करना ही राम काज होता तो सीता से भेंट के पश्चात यह कार्य तो पूरा हो जाता ।और हनुमान जी वापस लौट जाते । जैसा कि जामवंत जी ने कहा भी था।

इतना तात .करहु तुम जाई

सीतहिं देखि कहहु सुधि आई

लेकिन नहीं अभी कार्य पूरा नहीं हुआ है

जो जामवंत जी ने समझाया था सीता की सुध ले कर के फिर लौट आना यह कार्य तो पूरा हो गया ।लेकिन राम काज अभी नहीं हुआ है वह कैसे मालूम हुआ हनुमान जी ने स्वयं कहा है कि राम काज अभी बाकी है आप स्वयं देखिए,

रावण के दरबार में हनुमान जी को मेघनाथ बांध कर ले गया है ।बांधने से पहले मेघनाथ और हनुमान जी में युद्ध होता है और युद्ध में हनुमान जी एक क्षण के लिए मेघनाथ को मूर्छित भीकर देते हैं

मुठिका मारि चढ़ा तरु जाई

ताहि एक छन मूरूछा आई।।

मेघनाथ के कोई शस्त्र काम नहीं आते हनुमान जी मेघनाथ पर हावी होते हैं मेघनाथ परेशान होकर हनुमान जी पर ब्रह्मास्त्र का प्रयोग करता है और मूर्छित हेजाने पर हनुमान जी को नागपाश में बांध देता है इस समय भी तुलसीदास जी संकेत देते हैं कि हनुमान जी बंधन में क्यों आए वे लिखते हैं कि

प्रभु कारज लगि कपिहिंबंधावा ।

कपि ने प्रभु का कार्य करने के लिए अपने को बंधन में होना स्वीकार कर लिया ।बंधन में हनुमान जी कभी नहीं आये।कपि ने स्वयं बंधन स्वीकार किया था यह आगे की घटना से औरभी स्पष्ट हो जाता है रावण जब पूछता है कि अरे बंदर तुम कौन हो तुमको डर नहीं है क्या ।तुमने मेरे निशाचरोंक्यों मारा ।आदि आदि ।तब हनुमान जी कहते हैं कि मैंने तो कुछ नहीं किया भूख लगी थी फल खा लिए बंदर के स्वभाव के अनुसार सूखे वृक्षों को तोड़ दिया फिर भी आपके राक्षसों ने औरआपके लड़कों ने मुझे मारा जिन्होंने मुझे मारा मैंने भी उनको मारा लेकिन आपके लड़के ने तो मुझे बंधन में डाल दिया ।बंधन में होने का मुझे कोई मलाल नहीं है ।क्योंकि मैंनेतो अपने प्रभु का काम करने के लिए बंधन में होने को स्वयं ही स्वीकार किया है

मोहि न कछु बांधे कइ लाजा

कीन्ह चहहुं निज प्रभु कर काजा

यानी यह सिद्ध गया कि सीता की खोज करने के बाद भी राम का काज बाकी था और जिसे पूरा करने के लिए हनुमान जी ने अपने को बंधन में स्वीकार किया था ।

जिस कपि ने प्रभु का कार्य करने के लिए स्वयं को बंधन में डाल लिया था उसी कंपि ने जब बंधन मुक्त होना चाहा बंधन से निकलकर उचक कर अटारी पर चढ़ गया ।

निबुक चढ़ेउ कपि कनक अटारी

भई सभीत निसाचर नारी

देखा आपने बंधन में कपि हीआया था हनुमान जी बंधन मैनहीं आए थे बंधन से मुक्त भी कपि ही हुआ है। हनुमान जी तो ना बंधन में थे और नान ही कोई उनको बांध सकता है अब हनुमान जी ने राम का काम करना शुरू किया ।खेल किया पूछ बढ़ाई नगर में आग लगाई । उलट पलट लंका सब जारी

सारी लंका को जला कर के खाक कर दिया कोई नीचे न रह गया हो कोई शस्त्रागार परमाणु रिएक्टर वगैरा नीचे हो सकता है यह सोच कर और राम का काम करने के लिए रावण को यह बताने के लिए कि उसने गलत जगह पंगा लिया है हनुमान जी ने लंका में उलट-पुलट लंका सब जारी ।हनुमान जी ने इस महान कार्य को अकेले ही संपन्न कर दिया हनुमान जीको दो कार्य करनेथे। पहले वह जो सुग्रीव नेसौंपा था और जिसे बाद में जामवंत ने स्पष्ट किया था केवल और केवल सीता का समाचार लेकर के लौट आना है।

सुग्रीव ने और जामवंत जी ने हनुमान जी को समझाया था सबके सामने स्पष्ट बात हुई थी इसलिए राम जी ने भी सीता के समाचार हनुमान जी से सबके सामने पूछे। लेकिन जो कार्य हनुमान जी को श्री राम ने सौंपा था और सब की नजर बचाकर के गोपनीय रूपसेकान में कहाथाउसकार्यकबारे में हनुमान जी से रिपोर्ट श्रीराम नेसबके सामने हनुमान जी से नहीं लिया। यह तो केवल राम को ही पता था हनुमान जी के पास और भी महत्वपूर्ण कार्य है जिसकी रिपोर्ट सबके सामने नहीं ली जा सकती है। एक कुशल रणनीतिकार की तरह श्री राम जी ने गोपनीय रिपोर्ट सबके सामने इस प्रकार ली, जिससे सामरिक गोपनीयता भंग ना होने पाए और इसीलिए रामजी ने हनुमान जी को उठाकर अपने गले से लगाया। फिर हनुमान जी का हाथ पकड़ पकड़ कर अपने समीप बैठाया। नहीं नहीं श्री राम जी ने हनुमान जी को अपने अत्यंत समीप बैठाया, उसके बाद पूछा

कपि उठाई प्रभु हृदय लगावा

कर गहि परम निकट बैठावा

तब पूछा

कहू कपि रावन पालित लंका

केहि बिधि दहेउ दुर्ग अति बंका

दोनों रिपोर्ट प्राप्त कर राम जी ने हनुमान जी को आशीर्वाद दिया ।और कहा कि आपने इतना बड़ा काम किया है कि मैं आपका हमेशा ऋणी रहूंगा ।

जय जय श्री राम

जय हनुमान

4 आफत में अट्टहास

आफत मे भी अट्टहास ????

लंका में आग लगने ही वाली है

पूरी तैयारी हो रही है। पूरे नगर से प्रज्ज्वलन सामग्री एकत्रित की गई है

हनुमान जी की पूंछ में कपड़े पर कपड़े लपेटे जा रहे हैं । और जब नगर की. सारी सामग्री समाप्त हो गई तब उसमें आग लगा दी गई

कितनी भयंकर आग लगी होगी कुछ अनुमान लगाइए ।सारे नगर का कपड़ा और सारे नगर का प्रज्ज्वलन तेल एक स्थान पर एक ही स्थान पर एकत्र कर दिया गया और आग लगा दी गई। कितनी भीषण आग लगी होगी। कितनी ऊंची ज्वाला निकल रही होगी ?और ऐसी भयंकर विषमता के मध्य हनुमान जी खड़े है ।चुपचाप, थोड़ी देर बाद,

"अट्टहास करि गरजा कपिबढ़लागअकास।"

इतनी भीषण विपत्ति के मध्य हनुमान जी न हंसे न मुस्कुराए न रोए बल्कि अट्टहास किया ऐसा क्यों और कैसे संभव है? समझाइए।

जैसामेरी समझ में आया

इस प्रसंग को समझने के लिए हमे सबसे पहले पावक को समझना होगा।राजा दशरथ पुत्र बिहीन हैं गुरु वशिष्ठ के परामर्श पर हुए यज्ञ के परिणाम स्वरूप अग्नि देव प्रकट होते है।यही सेसमझिए।प्रगट, होते हैं, अग्नि देव ., और गायब होते हैं पावक, और तभी से पावक की खोज प्रारंभ होती है।

भगति सहित मुनि आहुति दीन्हे

प्रगटे अगिनि चरू कर लीन्हे

और बाद मे कार्य संपन्न होने पर

तब अद्दश्य भए पावक

सकल सभहिं समुझाई

परमानंद मगन नृप

हरष न हृदय समाइ

यहपावकजो अयोध्या मे गायब हो गए थे, वही आज हनुमान जी के सामने प्रकट हुए हैं जिसे देखकर हनुमान जी इतना हर्षित हुए कि अट्टहास करने लगे।जब पावक अद्दश्य हुए थे तो राजा को परमानंद हुआ था और इतने हर्षित हुए के हृदय में समाता नहीं था तब पावक के प्रकट होने पर हनुमान जी का अट्टहास करना स्वाभाविक लगता है।

प्रसंग है

बाजहि ढोल देहिं सब तारी

नगर फेरि पुनि पूछ प्रजारी

पावक जरत देखि हनुमंता

भयउ परम लघु रूप तुरंता

निबुक चढ़ेउकपि कनक अटारी

भई सभीत निसाचर नारी

हरी प्रेरित अवसर

चले मरुत उनचास

अट्टहास करिगर्जा

कपि बढ़ लागअकास

अब समझ में आया हनुमान जी ठहाका मार कर अट्टहास कर क्यों हंसे ? हमें हंसी कब आती है जब कोई उल्टा काम दिखाई देता है जब कोई बुद्धिमान व्यक्ति मूर्खता करता है तो हंसी आती है, और जब कोई महा बुद्धिमान व्यक्ति महामूर्खता करता है तो बहुत जोरों की हंसी आती है, वही अट्टहास होती है ।अपने समय का सबसे महान बुद्धिमान (कम से कम खुद अपनी समझ में)व्यक्ति रावण था ।और इसी ने ऐसी महान मूर्खता कर दी जिसे देखकर हनुमान जी को भयंकर हंसी आ गई और तुलसीदास जी ने लिख दिया "अट्टहास करि गर्जा कपि"सीता जी को चुराने मेअपने अनुसार रावण ने बहुत बुद्धिमानी से काम लिया, और भगवान जैसे महान कार्य करने वाले राम

(खर दूषण मोहिं सम बलवंता

इन्हें को मारे बिन भगवंता)

की पत्नी सीता को एक साधु का भेष बनाकर मारीच की मदद लेकर चुरा लाया है ।वह इसी खुशी में में पागल है कि वह राम की सीता को चुरा लाया है ।राम ने हनुमान जी को रावण के पास भेजा

था, रावण को रावण की औकात दिखाने के लिए हनुमान जी ने वह कार्य अभी प्रारंभ ही किया था, अशोक वाटिका उजाड़ कर और रावण के के पुत्र अक्षय कुमार को मार कर। अभी इसी दिशा में और वह आगे बढ़ने ही वाले थे कि महान बुद्धिमान रावण की महान मूर्खता देखकर हनुमान जी को महान हंसी आ गई और वे अट्टहास कर उछल पड़े। सारी दुनिया समझ रही है कि रावण सीता का अपहरण कर लाया है। रावण भी समझ रहा है कि वह राम की सीता को चुरा लाया है। लेकिन

जब हनुमान जी ने देखा कि रावण सीता को नहीं सीता की फोटो को चुरा लाया है तो वे अपनी हंसी ना रोक सके और अट्टहास कर गर्जना करने लगे। हनुमान जी ने अशोक वाटिका में सीता को देखा था इससे पूर्व हनुमान जी ने और कहीं कभी सीता को देखा नहीं था ।वे इसी उधेड़बुन में थे कि आज मैंने जिन्हें देखा है वह सीता माता है इसकी प्रमाणिकता क्या है। हनुमान जी इसी उधेड़बुन में चिंतन में थे कि मेघनाथ ने उन्हें नागपाश में बांधा जबकि हनुमान जी को कोई बांध नहीं सकता था। स्वयं हनुमान जी ने स्पष्ट किया था कि प्रभु कारज लगी कपि बंधा हुआ । प्रभु का कार्य संपन्न करने के लिए कपि ने अपने को बंधन में डाल दिया।

आइए इसे विस्तार से समझते हैं

हनुमान जी जब राम जी से विदा होकर लंका के लिए चले हैं उसी समय रामजी ने हनुमान जी को पूरी बाते समझा दी हैं। रामजी ने एक बार भी हनुमान जी को नहीं कहा कि सीता की खोज करना है क्योंकि राम जी को पता था कि सीता जी कहां है और वह पूरी कहानी राम जी ने हनुमान जी को बता दिया था । अब तक की सारी व्यथा और कथा श्री राम जी ने अपने खास हनुमान जी को समझा दिया है । क्योंकि अगर हम अपने जन को भी सारी बातें नहीं

बताएंगे तो वह पूर्ण मनोयोग से कार्य कैसे कर पाएगा ।आप भी देखिए

पाछे पवन तनय सिर नावा

जान काज प्रभु निकट बुलावा

परसा सीस सरोरुह पानी

करमुद्रिका दीन्ह जन जानी

बहु प्रकार सीतहि समुझाएहु

कहि बल बिरह बेगितुम आएहु

सारांश यह कि रामजी ने कूटनीति और रणनीति को ध्यान में रखते हुए हनुमान जी को काफी कुछ संकेत संकेत में समझा दिया है और हनुमान जी ज्ञानियों में अग्रणी और बुद्धिमानों में श्रेष्ठ हनुमान जी ने गोपनीय ढंग से कही गई सारी बातों को भी अच्छे ढंग से समझ लिया। रामजी ने कूटनीतिक रणनीति का अनुसरण करते हुए वही कहा है जोकि सामान्य लोगों को सामान्य सी बात लगे ।उन्होंने यही कहा हनुमान जाओ जल्दी जाओ सीताका समाचार देखकर सीता से समाचार लेकर जल्दी वापसआना ।सीताको हर प्रकार से समझाना और बल का बखान भी करना है राम जी ने हनुमान जी को सारे कार्य समझा दिए सौंप दिए हैं लेकिन यह नहीं बताया कि कब कौन काम करना है । टास्क दे दिया है ।कीये जाने वाले कार्यों की सूची दे दी है ।इसके आगे हनुमान जी के विवेक पर छोड़ दिया है कि कब कौनसा कार्य करना है ।जैसे राम जी ने कहा है सीता को बहुत प्रकार से समझाना है बल का और विरह का वर्णन करना है राम ने यह सब सबके सामने कहा है और सबके सामने कहे गए इस कथन से कुछ विशेष कहा गया है, ऐसा कहीं झलकता नहीं है। इस पूरे प्रकरण में ऐसा लगता है सब कुछ सामान्य है जबकि वास्तव में सामान्य कुछ भी नहीं है हजारों वानर

सीता की खोज के लिए राम जी को प्रणाम करते हुए जा रहे हैं रामजी ने किसी को अपने पास नहीं बुलाया

केवल और केवल हनुमान जी को अपने पास बुलाया और पुत्र के समान प्यार करते हुए अपना खास हनुमान को जताते हुए अपनी अंगूठी दी

हनुमान जी कुछ बोले नहीं बोले केवल श्रीराम हैं राम ने भी केवल इतना ही कहा है

बहु प्रकार सीतहिं समझाएहु

कहि बल बिरहबेगि तुम आएहु

सीता को बहुत प्रकार से समझाना है और बल का और विरह का बखान कर जल्दी आना।

अगर केवल इतना ही कहना होता हनुमान जी को परम निकट बैठाने की सर मैं हाथ फेर कर अंगूठी देने की आवश्यकता न होती। रामजी ने प्रगट में जो कुछ कहा है उससे लगता है कि किसी वक्तव्य के समापन में जो कहा जाता है वह है जो इससे पहले कहा गया है उसे रामजी ने प्रकट नहीं किया और तुलसीदास ने लिखा नहीं तुलसीदास जी ने संकेत जरूर दिया उन्होंने बताया कि राम जी ने हनुमान को अपना जन समझ कर जन समझकर अपनी अंगूठी दी थी जब हनुमान को रामजी ने अपना जन मान लिया है तो सभी कुछ हनुमान जी को बता दिया ।यह भी बताया कि सीताजी कहां है कैसे हैं और यह भी बताया कि सीता जी को रावण चुरा ले गया है उससे पहले हमने सीता को पावक में छुपा दिया है लेकिन यह बात किसी को पता नहीं है और किसी को पता भी नहीं होना चाहिए इतना कहने के बाद ही राम जी ने हनुमान जी से कहा जाओ जल्दी जाओ सीता को बहुत प्रकार से समझाना और हमारे विरह का और बल का बखान करके जल्दी लौट आना।

अब आप ही बताइए राम जी के विरह का वर्णन हनुमान जी माता सीता के सामने कैसे करेंगे इसी प्रकार राम के बल का बखान हनुमान जी सीता से क्यों करेंगे क्या राम के बल का अनुमान सीता जी को नहीं है ।सीता जी के हरण से पूर्व ही राम ने ऐसे ऐसे भयानक, कार्य किए हैं ।सीता को राम के बल का पहले से ही भान है। है इन सब बातों से हनुमान जी ने समझ लिया कि किससे क्या और कैसे कहना है बल का बखान सीता से नहीं रावण से करना है। बिरह का बखान हनुमान जी ने सोचा, स्वयं अपने मुंह से ना करके बिरह से ऊसंबंधित डाक्यूमेंट्स उपकरण सीता जी को दिखा देंगे रामजी ने हनुमान जी को अपने अत्यंत समीप बुलाया है क्यों क्योंकि हनुमान जी को वह अपना आदमी समझते थे जैसे ही हनुमान जी ने राम से विदा होने के लिए प्रणाम किया ।राम जी को अपने काम की और हनुमान जी के अपने होने की सुधि याद आ गई ।औरतुलसीदास जी ने लिखा

पाछेपवन तनय सिर नावा

हनुमान जी को प्रणाम करते देखकर राम जी को अपना काम और हनुमान जी का अपनापन याद आ गया और उन्होंने हनुमान जी को अपने अत्यंत निकल बुलाया

जानि काज प्रभु निकट बुलावा और उनके सर पर अपने हाथ से स्पर्श किया तथा अपने हाथ की अंगूठी हनुमान जी को अपना जन जानकर दे दिया ।

परसा सीस सरोरुह पानी

करमुद्रिका दीन जन जानी

इसके पश्चात हनुमान जी ने विचार किया कि रामजी को सब पता है यह भी पता है कि सीता जी से मेरी भेंट हो जाएगी इसीलिए तो कहा है सीता को बहुत प्रकार से समझाना है पहचान के लिए अंगूठी भी दिएहै वह पूरी तरह से हनुमान जी पर राम जी को विश्वास है कि भेंट हो जाएगी ।अब हनुमान जी ने अपने मन कोप्रश्न किया,

कियदि भेंट हो गई मैं कैसे पहचानूंगा कि यही सीता है हनुमान जी ने राम जी से यही शंका व्यक्त की। रामजी ने कहा कोई फोटो तो मेरे पास भी नहीं है वह तो मेरे दिल में रहतीं है हां अक्सर वह पावक में छुपी रहती है ।यह सब बातें राम जी ने हनुमान जी को बता दिया लेकिन हनुमान जी अभी समझ नहीं पाये उन्होनेऔर स्पष्ट करनेकी प्रार्थनाकी। रामजी ने भी विचार किया कि अपने आदमी को सभी बातें नहीं बताएंगे तो वह पूर्ण मनोयोग से कार्य कैसे करेंगे।ऐसाविचार कर श्रीराम जी ने हनुमान जी को वह सब बता दिया जो लक्ष्मण जी को भी पता नहीं था ।यही कि

तुम पावक मंह करहु निवासा

जौं लगि करहूं निशाचर नासा

जबसे हनुमान जी को वास्तविकता का पता चला है वे सीता माता के दर्शन करने के लिए व्याकुल हो गए इसीलिए जब रावण ने निशाचरों को पावक की व्यवस्था करने को कहा तो हनुमान जी बहुत प्रसन्न हुए आज तो सरस्वती देवी ने मेरी मदद करी।

रावण ने कहा

कपि कै ममता पूंछपर

सबहिं कहौं समुझाई

तेल बोरि पट बांधिपुनि

पावक देहु लगाई

रावण के ऐसे बचन सुनकर हनुमान जी प्रसन्न हुए कि सरस्वती जी ने मेरे लिए पावक की ब्यवस्था तो कर दी अबमै माता सीता दर्शन कर सकूंगा ऐसा सोचते ही हनुमान जी मुस्कुराए।

सुनत बचन कपि मन मुस्काना

भई सहाय सारद मै जाना अभी तो केवल पावक की व्यवस्था की बात हुई है, हनुमान जी मुस्कुराते है उम्मीद हुई कि सीता माता के दर्शन होने वाली इसीलिए जब मन ही मन मुस्काए और आगे बढ़ने पर जब रहा न नगर बसन घृत तेला। सारी ज्वलनशील सामग्री हनुमान जी की पूंछ मे प्रयुक्त होगई । तब हनुमान जी को नगर भ्रमण कराकर पूंछ मे आग लगाई गई। इस आग से हनुमान जी ने कोई रुचि नहीं दिखाई वे तो पावक की प्रतीक्षा कर रहे थे।जबआगकीज्वाला औरविकराल होगई ।सबकुछ स्वाहाकरनेमे समर्थ पावक का प्राकट्य होते ही हनुमान जीने देखा तो देखतेही रह गये ।पावक मे मातासीता के दर्शन हो रहे थे ।माता को सामनेदेखते ही हनुमान जी परम लघुरूप मेआ गये

पावक जरत देख हनुमंता

भयउ परम लघुरूपतुरंता

अर्थात

जरत (जलते) हुए पावक मे (देख कर)(?)हनुमान जी परम लघु रूप मे आ गये ।

अर्थात

जरत (जलते) हुए पावक मे (माता सीताकोदेखकर)हनुमान जी परम लघु रूप मे आ गये । माता का वात्सल्य से भरा आशीर्वाद में उठे हाथ को देखकर हनुमान जी एक बालक की तरह छोटे रूप में आ जाए और छोटे रूप में आते ही बंधन से मुक्त हो गए तब वे पावक समेत उछलकर ऊपर अटारी में चले गए और जब अच्छी तरह से पहचान लिया की माता सीता यही पावक में है तब उनको रावण की मूर्खता पर इतनी भीषण हंसी आई कि वह अट्टहास कर मन ही मन रावण को मूर्ख कहते हुए कि मूर्ख रावण तू तों सीता को नहीं सीता की फोटोचुरा लाया है।एक बार फिर अट्टहास कर पूंछ पावक औरदेवीसीतासहित आकाश तक पहुंच गए। रावण की

मूर्खता पर हनुमान जी ने अट्टहास किया और फिर दोगुने उत्साह से लंका को जलाने में जुट गए । और तुलसीदास जी ने लिखा

बाजहिं ढोल देहिं सब तारी

नगर फेरि पुनि पूंछ प्रजारी

पावक जरत देख हनुमंता

भयउ परम लघु रूप तुरंता

निबुकि चढ़ेउ कपि कनक अटारी

भई सभीत निसाचर नारी

हरि प्रेरित तेहि अवसर

चले मरुत उनचास

अट्टहास करि गर्जा

कपि बढ़ि लाग अकास

तो यह है हनुमान जी के अट्टहास करने का कारण

ओम जय श्री सीताराम

5 सुंदरकांड और निशकाम कर्म योग

आज हम योगेश्वर श्रीकृष्ण के योग उपदेश के मूर्त रूप श्री हनुमान जी के द्वारा संपन्न कियेगए निष्काम कर्म योग को समझने का प्रयास करते हैं

गीता में बताया गया कर्म योग को पूरी तरह से रामचरितमानस सुंदरकांड मे समझाया गया और ।चरितार्थ किया गया है रामचरितमानस में। हमने देखा है कि हनुमान जी ने विशाल सागर पार करने को भी अपना कार्य नहीं माना बल्कि उसे भी भगवान राम के द्वारा उन के माध्यम से कराया गया बताया।

उसी के आगे समझते हैं हनुमान जी अपनी सारी उपलब्धियों को कैसे भगवान को अर्पित करते हैं हनुमान जी का कर्म योग कर्म करने का उमंग और उत्साह हनुमान जी में कूट-कूट कर भरा है कोई संशय अथवा कर्म से पलायन नहीं हो रहा है। वे तो हर्षित अवस्था में ही अपने सब काम कर रहे हैं

चलेउ हरषि हिय धरि रघुनाथा

हनुमान जी कदम कदम पर समझते हैं और हम हमें समझाते हैं कि जो भी हो रहा है राम का काज हो रहा है मेरे द्वारा जो हो रहा है वह भी राम का काज है राम ने मुझे निमित्त बना करके अपना काम किया है इसलिए हनुमान जी को रास्ते में जो बाधाएं भी मिलती हैं वह भी आशीर्वाद देतीहैं

राम काज सब करिहहु

तुम बल बुद्धि निधान

आशीष देइ गई सो

हरषि चलेउ हनुमान

और आशीष मिलते ही

वारिधिपार गयऊ मतिधीरा ।

हनुमान जी लंका जा रहे हैं दो काम करने के लिए पहले काम है सीता की खोज करना दूसरा काम है राम काज करना ऐसा ही हनुमान जी ने परीक्षा लेने को आई सुरसा को बताया था और कहा था

1. राम काज करि फिर मैंआवौं

और

2. सीता कैसुधि प्रभुहि सुनावौं

हम आगे भी देखते हैं कि हनुमान जी के लिए दो काम है ऐसा हनुमान जी ने भी स्वयं रावण को बताया था लंका पहुंचकर विभीषण से मिलने के बाद हनुमान जी ने सीता माता के दर्शन कर लिए हैं सीता की सुध तो मिल चुकी है। अर्थात पहला कार्य, सीता की खोज तो पूरा हो चुका है ।लेकिन फिर भी हनुमान जी रावण से कहते हैं काम बाकी है

।जिन्ह मोहि मारा तेमैं मारा

तेही पर बांधेउतनय तुम्हारा

हनुमान जी आगे कहती हैं लेकिन फिर भी मुझे कोई शिकायत नहीं है। क्योंकि मुझे तो प्रभु का काम करना है ।

मोहि न कछु बांधे कइ लाजा

कीन्ह चहउं निज प्रभ करकाजा

यह बात हनुमान जी ने रावण को सीता माता के दर्शन के बाद कही है जिसका तात्पर्य है कि सीता की खोज करना ही एकमात्र राम काज नहीं था रामराज के संबंध में स्वयं श्री राम ने हनुमान जी से रिपोर्ट मांगी ।जब हनुमान जी लंका में अपना काम करने के बाद श्री राम के पास पहुंचते हैं तो श्री राम ने भी उनसे दो कार्य के बारे में हीपूछा है।राम ने पहले पूछा है ।

1. कहहु तात केहि भांति जानकी ।

इसका यथोचित उत्तर मिलने के बाद श्री राम ने हनुमान जी से पूछा

2. कहु कपि रावन पालित लंका

केहि बिधि दहेउ दुर्ग अति बंका

इसकी भी रिपोर्ट मिलने के बाद रामजी ने समझ लिया कि हनुमान जी ने राम काज करके बहुत बड़ा काम किया है। इसलिए वे हनुमान जी से कहते हैं हनुमान जी बताइए आपने इतने बड़े-बड़े कार्य अकेले कैसे कर लिए हनुमान जी इस पर आश्चर्य व्यक्त करते हैं और कहते हैं प्रभु मैंने कौन सा कार्य किया है प्रभु आप मुझे लज्जित क्यों कर रहे हैं। फिर भी श्री राम कहते हैं हनुमान तुमने बहुत बड़ा कार्य किया है । सुरक्षित लंका में प्रवेश कर गए लंका में आग लगा दिया राज कुमार को तथा राक्षसों को मारा। श्री राम जी संकेत देते हैं कि हनुमान जी आपने बहुत बड़ा काम किया है, रावण की लंका में प्रवेश कर पाए और लंका में आग लगा पाए वास्तव में यह बहुत बड़ा कार्य है। उसके बाद भी हनुमान जी विनम्रता का परिचय देते हुए कहते हैं कि मैंने कोई कार्य नहीं किया दोनों अपनी-अपनी श्रेष्ठता के हमें दर्शन करा रहे है राम की पूरी कोशिश है कि हनुमान जी में कर्तापन का गुमान आ जाए। लेकिन हनुमान जी भी

इससे बचने की पूरी कोशिश करते हैं वह प्रभु के चरणों में गिर जाते हैं, उठ नहीं रहे हैं। प्रभु बार-बार उठाने की कोशिश करते हैं लेकिन हनुमान तो प्रेम में मगन उठने की इच्छा ही नहीं करते। प्रभु को हनुमान को उठाने की कोशिश करनी पड़ी ।प्रभु ने हनुमान को उठाया और अपने हृदय से लगा लिया। फिर अपने अत्यंत समीप बैठाया और पूछा बताओ हनुमान बताओ तुमने रावण जैसे पराक्रमी दुर्दांत राक्षस द्वारा पालित, सुरक्षित लंका को उसके बांके किले को कैसे ध्वस्त कर जला दिया। यहां श्री रामजी संकेत दे रहे हैं कि हनुमान तुमने बहुत बड़ा काम किया है। रावणजैसे वैज्ञानिक और बलशाली राक्षस की लंका को जलाया यही महान कार्य है लंका को नहीं उसकी बांके किले को भी जलाया यह महानतर कार्य है। लंका को उलट पलट कर जलाया उसके गोनीय परमाणु संयंत्रों को जलाया, यह महानतम कार्य है। इतना बड़ा बड़प्पन और सम्मान राम से मिलने के बाद भी हनुमान सावधान सतर्क और सरल बने हुए है। यही हनुमान का कर्म योग है। ऐसी स्थिति में सामान्य ब्यक्ति कहता है कि हां भगवान यह सब आपकी कृपा से हो गया और यह तो कुछ भी नहीं है मैं तो औरबड़े काम कर सकता हूं। लेकिन ऐसा कहने का तात्पर्य होता कि मैंने कुछ किया कर्तापन काअभिमान आ जाता । ऐसी स्थिति में वही गति होती जो नारद जी की या पक्षीराज गरुड़ की हुई थी ।लेकिन हनुमान जी ने ऐसा कुछ नहीं कहा और वे परीक्षा में हां हां परीक्षा में शत प्रतिशत सफल हुए। राम ने उन्हें डिगाने की बहुत कोशिश की ।लेकिन राम सफलनहीं हुए।यही तो रामत्व है भगवान जो भक्त से हारे।

राम केबार-बार कहने के बावजूद हनुमान जी यही कहते रहे कि मैंने कुछ नहीं किया सब आपने किया है ।अब राम जी कहते हैं, मैंने कैसे किया मैं तो यहां बैठा हूं। नहीं भगवान आप ने ही किया है मैं तो करने की सोच भी नहीं सकता था मैं यह मानता हूं जो आपने काम बताए हैं वह सब काम हुए तो हैं।

1. सिंधु को पार किया गया है ।

2. हाटक और पुर, नगर और किला जले तो है और

3. अशोक बन उजड़ा भी है राक्षसों को मारा भी गया है ।

यह सब काम तो हुए हैं ।लेकिन मैंने नहीं किया ।अब आप नहीं मानते तो मैं बताता हूं सिंधुपार आपने कराया ।मैं तो पार जाने की हिम्मत हीनहीं कर पा रहा था ।तब मैंने रघुनाथ को याद किया एक बार नहीं बार-बार ।

बार बार रघुवीर संभारी,

फिर क्या हुआ आपको मालूम है, फिर हुआ यह कि

जिमि अमोघ रघुपति कर बाना

एही भांति चलेउ हनुमाना

हनुमान ने कुछ नहीं किया हनुमान तो रघुनाथ के बाण की तरह चले जा रहे हैं एही भांति चलेउ हनुमाना

आप ही बताइए भगवान क्या बाण अपने आप आगे पीछे कहीं जाता है वह तो चलाने वाले की क्षमता और दिशा के अनुसार ही आगे बढ़ता हैजब बाण स्वत: गति मान नही हो सकता तो हनुमान सागर कैसे लांघ सकताहै।मैंने सागर पार कैसे किया ।मैने तो बस

बार-बार रघुवीर संभारी

तरकेउ पवन तनय बल भारी

जिसका ही नतीजा था

जिमि अमोघ रघुपति कर बाना

एही भाति चलेउ हनुमाना

रघुनाथ के प्रभाव से बारिधि पार गयो मतिधीरा

सागर पार करने के बाद हाटकपुर नगर और किला भी आपने आपने ही गिराया और जलाया ।आपने मेरा नाम जरूर लगा दिया और मैंने सेवक धर्म निभाते हुए इसे स्वीकार कर लिया जबकि हकीकत यह है कि आपने माता सीता को पावक में निवास कराया था माता के मुझे दर्शन हो जाएं इसीलिए आपने मेरी पूंछ में रावण से आग लगवाई थी । पावक मे माता के दर्शन होने के कारण ही मै छोटे से रूप में आकर बंधन से मुक्त हो गया था । क्योंकि माता पिता की नजरों में पुत्र कभी बड़ा नहीं हो सकता।

पावक जरत देखि हनुमंता

भयउ परम लघु रूप तुरंति

अब आप ही बताइए अगर पावक में मुझे माता सीता के दर्शन न हुए होते तो मैं छोटा क्यों होता, बड़ा विशाल रूप बनाकर के बंधन को तोड़ कर मुक्त हो सकता था।माता के आशीर्वाद से और आपके चरणों के प्रताप से आगे की घटनाएं घटती चली गई ।भगवान आपतो जानते हैं लंका में आग कब लगी

जब

हरि प्रेरित तेहि अवसर चले मरुत उनचास

अब तो सिद्ध हो गया कि हरिकी प्रेरणा से चले 49 ओ पवन ने लंका में आग लगाई है मैंने नहीं । हां अशोक वन कोउजाड़ना आप जरूर मेरे काम में डाल सकते हैं, जबकि वह भी मैंने माता सीता के आशीष बच्चों को पालन करते हुए ही किया है आपको तो मालूम ही है माता का आदेश था,

रघुपति चरन हृदय धरि तात मधुर फल खाहु। अब तो स्पष्ट हो गया माता का आदेश और रघुपति चरणों का प्रभाव कि

नाथ एक आवा कपि भारी

जेहि अशोक वाटिका उजारी

अब आप ही बताइए भगवान माता के आदेश नेअशोक बन उजाड़ा, या मेरे जैसे तुच्छ वानर ने, याकि रघुवीर के चरणों के प्रताप ने ।भगवन् मान भी जाइए मैंने कोई कार्य नहीं किया ।केवल वानर सुलभ उछल कूद ही किया है जैसे

साखामृग कै बड़ मनुसाई

शाखा तै शाखा पर जाई

इसीबानरी उछल कूद में अगर सिंधु का लंघन हो गया तो मेरा क्या दोष, इसी उछल कूद में हाटक, पुर जल गए तो मेरा क्या दोष निशाचर मर गए तो मेरा क्या दोष। देखिए एक कपि का काम

शाखा ते शाखा पर जाई

और हनुमान का काम

मंदिर तें मंदिर चढ़ धाई

इसी कारण

जरइ नगर भे लोग बिहाला ।नगर जल रहा था, जलाया नहीं था जल रहा था स्वत: नगर को जलाने का कार्य तो उनके राक्षसो ने ही किया था

नगर फेरि पुनि पूंछ प्रजारी ।नगर मे घुमाकर फिर पूंछ मे आग लगा दी।मैने कहीं आग नही लगाई। ।हे भगवान मेरे द्वारा नहीं किए गए कार्य के लिए मुझे दोष ना दें, क्योंकि

नाघि सिंधु हाटक पुर जारा

निसिचर गन बधि विपिन उजारा

वाली जो बात है

इसके लिए मैं नहीं आप जिम्मेदार हैं

सो सब तव प्रताप रघुराई

नाथ न कछू मोरि प्रभुताई

भगवान भी हनुमान के तर्कों के प्रभावित हो गए और स्वीकार किया कि सुनिप्रभु परम सरल कपि बानी

एवमस्तु तब कहेउ भवानी

यही तो है गीता का असली तात्विक निष्काम कर्म योग हम कुछ नहीं करते हम कुछ कर भी नहीं सकते इसीलिए जो भी हो रहा है मान लो उसके द्वारा हो रहा है हम केवल निमित्त मात्र हैं इसलिए जो भी करो भगवान का समझ कर करो भगवान के लिए करो भगवान की मानकर करो तो कर्म बंधन से बचे रहोगे।

गीता अध्याय 3 श्लोक 31

येमे मतमिदम् नित्यमनुतिष्ठंति मानवा:

श्रद्धावान ऊत्तम मुच्यन्ते तेपि कर्मभि:

ओम जय श्री सीताराम

योगेश्वर श्रीकृष्ण की जय

6 साधु ते होइ न कारज हानी

कल हमने इस चौपाई पर आपके समक्ष एक जिज्ञासा व्यक्त की थी कि हनुमान जी हस षको लंका पहुंचने पर विभीषण जी से हठपूर्वक पहचानu करने की आवश्यकता क्यों थी ।सभी ने अपनी अपनी मति के अनुसार जिज्ञासा का समाधान करने का प्रयास किया है मैं सभी का आभारी हूं लेकिन हर जिज्ञासा के बाद प्रश्नवाचक चिन्ह लग जाता रहा है। इसलिए एक विद्वान महानुभाव ने यह इच्छा व्यक्त की है कि मैं अपना मंतव्य इस जिज्ञासा के संबंध में आपके समक्ष रखूं ।मैंने उसी को ध्यान में रखते हुए अपना मंतव्य आपके कखकख नाम स्मरण करने पर हनुमान जी विचार करते हैं कि इनसे हठपूर्वक पहचान करूंगा साधु पुरुषों से कोई नुकसान होने की संभावना नहीं होती इस भावार्थ के कारण ही यह प्रश्न उठता है कि हनुमान जी को किसी के साथ जबरदस्ती पहचान बनाने की अथवा दोस्ती करने की आवश्यकता क्यों पड़ेगी। ज्ञानियों में अग्रणी हनुमान जी इतना तो जानते ही हैं किसी से दुश्मनी तो जबरदस्ती की जा सकती है लेकिन मित्रता जबरदस्ती नहीं होती फिर भला हनुमान जी विभीषण से हत्पूर्वक पहचान क्यों करना चाहते हैं यह प्रश्न इसलिए और भी उठना है क्योंकि इससे पूर्व हनुमान जी ने एक बार भी ऐसा प्रयास नहीं किया था किसी के साथ जोर जबरदस्ती तब किया जाता है जब एक दो प्रयासों में सफलता न मिली हो अभी हनुमान जी ने कोई प्रयास किया नहीं है इसलिए हठ करने की आवश्यकता कैसे आ गई तुलसीदास जी का प्रत्येक शब्द अपने स्थान पर पूरी तरह से उपयुक्त पाया गया है इसलिए यह भी नहीं

कहा जा सकता की यहां हठ शब्द नहीं आना चाहिए था अब हमें
जो है और जैसा है के आधार पर ही इस जिज्ञासा का समाधान
करना है मैं अपना मंतव्य व्यक्त करने से पूर्व आप सबसे निवेदन
करना चाहूंगा कि मेरे मंतव्य को आप निरपेक्ष निष्पक्ष और किसी
आग्रह से रहित होकर के ही समझ समझने की कोशिश करियेगा
अन्यथा आप मेरे मंतव्य मानत्व से तुरंत ही असहमत हो सकते हैं
लेकिन अगर आप निष्पक्ष चिंतन करेंगे तो आप मेरे मत को सही
पाएंगे

इस चौपाई का सही भावार्थ समझने के लिए आपको पीछे चलना
होगा किष्किंधा कांड तक किष्किंधा कांड में आप देखेंगे की ब
वानर राज सुग्रीव ने सभी को आदेशित किया है कि यहां वहां चारों
तरफ जाइए और सीता जी का पता लगा करके एक मां के अंदर
आइये जो बिना पता लगाया आएगा वह मेरे द्वारा मारा जाएगा।
इसके बाद सभी सीता की खोज के लिए प्रस्थान करते हैं और
प्रस्थान करने से पूर्व श्री राम जी का आशीर्वाद प्राप्त करते है इसी
कार्य को करते हुए सभी वानर श्री राम जी से आशीर्वाद प्राप्त करने
के बाद अपने अपने गंतव्य क्यों चल देते हैं तब सबसे अंत में
हनुमान जी उठते हैं और राम जी से आशीर्वाद प्राप्त करने का
उपक्रम करते हैं

पाछे पवन तनय सिर नावा

जानि काजप्रभु निकट बुलावा

अह यहा से प्रारम्भ होताहै श्रीराम का रण विजय अभियान इसके
लिए वे हर छोटी बड़ी चाले सोंच विचार कर रणनीतिक कूटनीतिक
लाभ हानि की गणना कर चलते हैः क्योंकि रामचरितमानस में श्री
राम एक मर्यादा पुरुषोत्तम की भांति व्यवहार करते हैं जब भी 14
वर्षों के वनवास एक तपस्वी के वश में काट रहे हैं ऐसी विपरीत

परिस्थिति में भी मनुष्य को किस प्रकार अपने व्यवहार करना चाहिए यह सब हमें श्री राम के जीवन से सीखने को मिलता है राम वो राम है जिनके पिता दशरथ को इंद्र भी अपना सिंहासन देकर स्वागत करता था राम वह राम है जिन्होंने खेल-खेल में ही मैरिज बहुत ताड़का का प्रभाव समाप्त किया है ऐसे परम प्रतापी श्रेष्ठ धनुर्धर श्री राम इस समय अपनी पत्नी के अपहरण से दुखी हैं पत्नी का अपहरण राम के राम टू पर एक बहुत बड़ा प्रश्न चिन्ह लगता है राम बहुत दुखी है वे पत्नी वियोग से उतने दुखी नहीं है उन्हें सबसे बड़ा दुख इस बात का है कि राम के रहते हुए राम की अभी रक्षा में रहने वाली स्त्री सीता का अपहरण हो जाता है इसी गिलानी में दुखीराम रावण को उत्तर देते हुए अपनी सीता को प्राप्त करने का उपाय करते हैं राम हमें शिक्षा देते हैं कि आर्य ने हिम्मत भी शादी है ना हरि नाम र उन्होंने अपनी इसी राजनीति के आधार पर सुग्रीव से दोस्ती की वरना सी युद्ध में काम आएगी यही राम की रणविजय अभियान का एक अंग है रणविजय अभियान के दूसरे अंग के रूप में अब श्री राम ने सबसे अंत में प्रणाम करने वाले हनुमान को अपनी बात बुलाकर प्रारंभ किया है श्री राम ने हनुमान जी को अपने पास बुलाया और फिर अपने कर कमल से उनके सर का स्पर्श किया तथा अपना सेवक जानकर अपना खास सहायक जानकर उन्हें अपने हाथ की अंगूठी उतार कर दी और कहा बहुत प्रकार से सीता को समझना मेरे बाल और विरह का बखान करके तुम शीघ्र लौट आना यहां पर अधिकांशत यह अर्थ किया जाता है कि राम ने हनुमान से कहा कि सीता को बहुत प्रकार से समझाना और सीता से मेरे ग्रह का और बाल का बखान करके वापस आ जाना यह गलत है सही बात यह है कि राम ने सीता को बहुत प्रकाशित समझने के लिए कहा इसके बाद राम का सीता के प्रति कथन पूरा हो जाता है उसके बाद राम ने जो कहा है वह हनुमान जी को संकेत भाषा में कहा है की बाल का और ग्रह का वर्णन करके सीधा लौट आना बाल का और विलय का वर्णन करके सिख लौटना इस प्रकार की सांकेतिक भाषा में निहित भाव को हनुमान जी ने समझा कि

विरह का वर्णन सीता से और बाल का प्रदर्शन रावण से ऐसे करना है कि उसकी समझ में आ जाए कि उसने गलत जगह पंगा लिया है श्रीमद् श्री राम ने हनुमान जी को समझा दिया की लंका में विभीषण उनकी मदद कर सकते हैं विभीषण से मिलने के लिए श्री राम ने हनुमान जी को एक कोड वर्ड दिया उसे कोड वर्ड का मिलान करने से हनुमान जी को समझ में आ जाएगा कि विभीषण से बात हो रही है यह सब बातें श्री राम ने हनुमान जी से संकेत संकेत में और अत्यंत सावधानी से कहा जिसे कोई और समझ ना पाए यही सब करने के लिए ही तो श्री राम ने हनुमान जी को अपने समीप बैठाया और अपने कर कमरों से हनुमान जी के सर पर हाथ तेरा

पाछे पवन तनय सिर नावा

जानि काज प्रभु निकट बुलावा

परसा सीस सरोरुह पानी

कर मुद्रिका दीन्ह जनजानी

ऊपर कही गई बातें करने के लिए ही श्री राम ने हनुमान जी को अपने बस बुलाया था अगर केवल अंगूठी ही देना होता तो वह काम तो श्री राम बिना अपने पास बुलाए भी कर सकते थे लेकिन श्री राम को हनुमान जी से अपना काम करना था और वह काम यही था कि रावण को बताना कि उसने गलत जगह पंगा लिया है और विभीषण से मुलाकात करके उसको अपने पक्ष में करने की भूमिका तैयार करना इन्हीं सब को अपनी कारों को समझने के लिए श्री राम ने हनुमान जी को अपने पास बुलाया था

अभी और है

7 ध्वनि और प्रकाश की गति

रामचरितमानस सुंदरकांड में कई वैज्ञानिक तथ्य समाये हुए हैं ।एक और देखिए

विभीषण जी आ रहे हैं राम के पास । पहले उन्होंने दूर से ही दोनों भाइयों राम और लक्ष्मण को देखा छवि नेत्रों को आनंद देने वाली है इसके पश्चात विभीषण जी ने छवि के धाम राम की ओर देखा उनको देखते ही विभीषण एक टक देखते ही रह गए उन्होंने देखा कि रामजीके बहुत लंबे हाथ हैं लालकमल के समान आंखें हैं अनेकों कामदेव को भी मोहित करने वाला उनका मुख है ऐसी मनोहारी छवि को तुरंत पाने की लालसा लिए हुए विभीषण जी ने अपने मन में धैर्य रखा और मीठी वाणी से बोले हे नाथ मैं दशानन रावण का भाई हूं मेरा मेरा जन्म निशाचर छवंश मैं हुआ है विभीषण ने इतना सब कुछ कहा लेकिन श्री राम की ओर से अभी कोई प्रतिक्रिया नहीं हुई क्योंकि भीषण ने बहुत दूर से यह सब कहा था

दूरिहि ते देख द्वौ भ्राता

नयनानंद दान के दाता

बहुरि राम छवि धाम। बिलोकी

रहेउ ठटुकि एक टक पल रोकी

मन धरि धीर कही मृदुबाता

राम की ओर से अभी कोई प्रतिज्ञा नहीं होने पर फिर उसने यह भी कहा, मैंने अपने कानों से सुना है कि आप दीन दुखियों के दुख दूर करते हैं मैं आपकी शरण हूं मेरी रक्षा कीजिए मेरी रक्षा कीजिए और वह साष्टांग दंडवत प्रणाम करता है

श्रवन सुजस सुनिआयहुं प्रभु भंजन भव भीर

त्राहि त्राहि आरति हरन सरन सुखद रघुवीर

विभीषण द्वारा आरत स्वर में इतना कुछ कहने के बाद भी श्री राम जी की ओर से कोई प्रतिक्रिया न होने का कारण क्या है ?क्या राम इतने निष्ठुर हैं? नहीं ऐसी बात नहीं

विभीषण ने काफी दूर से ऐसे बचन कहे हैं जो राम के कानों तक अभी पहुंचे ही नहीं। लेकिन इसके बाद जैसे ही विभीषण ने दंडवत प्रणाम किया विभीषण की यह क्रिया श्री राम राम की आंखों तक तुरंत पहुंच गई। और तुरंत श्री राम की ओर से प्रतिक्रिया हुई

अब यहां समझिए विभीषण ने पहले कहा और कहने के बाद दंडवत प्रणाम किया । दंडवत प्रणाम करने की यह क्रिया राम की आंखों में पहले पहुंच गई इसलिए राम विभीषण को प्रणाम करते हुए देखकर उठ तो गए लेकिन अपनी विशाल भुजाओं को फैला कर उसको हृदय से बाद में तब लगाया जब उसकी करुण पुकार की आवाज सुनाई दी यही है वैज्ञानिक सुंदरकांड।

8 विभीषण की शरणागति

विभीषणको अपने पक्ष में रामने अपनी सुविचारित रणनीति के तहत किया था। लेकिन कथाप्रबन्धमे ऐसा लगता है कि। विभीषण रावण से त्रस्त होकर राम की शरण में गया था श्री राम ने हनुमानजी को इसी विशेष कार्य के लिए लंका भेजा भी था

सीता की खोज करना मुख्य कार्य नहीं था, वह तो, सबको पता था जटायु ने साफ साफ राम कोबताया था

"नाथ दशानन यह गति कीन्हीं

तेहिं खल जनक सुता हरिलीन्हीं

लै दच्छिन दिसि गयाऊ गोसाईं"

इसलिए मुख्य कार्य हो जाता है, सीता को प्राप्त करना, रावण जैसे दुर्दांत महापराक्रमी मायावी रावण के चुंगल से सीता जी को सकुशल, सही-सलामत वापस लाना ही अब श्रीराम का मुख्य कार्य हो गया है उसके लिए ही रणनीति बना कर रामने पहले सुग्रीव और सुग्रीव की विशाल बानर सेना को अपने पक्ष में किया। युद्ध की स्थिति में विजय सुनिश्चित करने के लिए सामरिक रणनीति के अंतर्गत विभीषण को अपने पक्ष में करने की कोशिश की शुरुआत करने के लिए ही श्रीराम ने हनुमान जी कौ लंका भेजा था। क्योंकि श्रीराम जी यह अनुभव करचुकेहैं कि हनुमानजी से ज्यादा उनके

दुःख की अनुभूति करने वाला कोई दूसरा नहीं है। जब रामजी ने हनुमानजी को बताया था "यहां हरी निसिचर बैदैही।

विप्र फिरहि हमखोजत तेही"

तब हनुमानजी ने ही श्रीराम को बताया था कि आप सुग्रीव से मित्रता कर लीजिए वो। सीता जी की खोज में करोड़ों बानर चारों ओर भेजकर आपका काम आसान कर देंगे इस प्रकार हनुमानजी ने ही श्रीराम और सुग्रीव की सुद्दढ मित्रता कराई थी। उसको स्मरणकरके ही श्रीराम जी हनुमानजी को विभीषण से मित्रता कराने का काम सौंपा है।यह कार्य श्रीराम ने बहुत सावधानी से किया है जिसे हनुमानजी के अलावा कोई और समझ न सका

अन्य सभी यही समझे कि सुंदर और बहुमूल्य अंगूठी सौंपने के लिए ही श्रीराम ने हनुमान जी को अपने अति

निकट बुलाकर दुलार किया था

देखिये

पाछे पवन तनय सिर। नांवा

जानि काजप्रभु निकट बोलावा

और फिर क्या किया

 अपने कर कमलों से हनुमानजी के सिर का स्पर्श किया और अपना जन समझ करहाथकी अंगूठी उन्हें दे दी।

परसा सीस सरौरुह पानी

करमुद्रिका दीन्ह जन जानी

सीता की खोज के लिए सुग्रीव ने यहां वहां करोड़ों बानर चारों ओर भेजे हैं

सभी आज्ञा प्राप्त कर श्रीराम जी सीस नवाकर आगे बढ़ते हैं राम जी ने अपने पास किसी और को नहीं बुलाया। केवल हनुमानजी को ही बुलाया अपने निकट और फिर कुछ कान में कहा, शायद(बहु प्रकारसीता कोऔर भली-भांति रावण को समझाना मेरे बिरह कासीता से और अपने बल कारावण से कह करतुम शीघ्र ही लौट आना। देखें तुलसी के शब्द चयन की विशेषता जाना कायदे से समझाना बहुप्रकार बलकाऔर बिरह भी कहना है लेकिन यह सब शीघ्रता से करना है ऐसा नहीं लिखा लेकिन इतना सब करने के बाद रावण द्वारा तुम्हें गिरफ्तार कर जेल भेजने की कोशिश की जा सकती है इसलिए उससे बचने के लिए लौटने में शीघ्रता करना है,

बहुत प्रकार सीतहिं समझाएहु।

कहिबल बिरहबेगि तुम आएहु।।

इसी संदेश में श्रीराम जी ने विभीषण को अपने पक्ष में करने का संकेत दिए। और हनुमानजी को इसका महत्व

समझाया, । हनुमानजी को समझ में आया कि सीता जी की खोज के बाद विभीषण को राम से मिलाना मुख्य कार्य है

इसे वे सदैव याद रखते है, सबसे पहले भेंट होती है सुरसा से तभी उनके दिमाग में सीता जी की खोज के साथ राम काज याद है वे कहते हैं

पहला काम, राम काज करि फिर मैं आवौं

दूसरा काम, सीता कै सुधि प्रभुहिं सुनावौं।।

अपनी बुद्धिऔर बल का प्रयोग करते हुए हनुमानजी आगे बढ़ते हुए लंका के अंदर पहुंच गए। यहां उन्हें रामके दो कार्य करने है विभीषण को रामादलमे शामिलकरनाऔरसीतासमाचार राम तक पहुंचाना। रावण जैसे सब प्रकार से संपन्न शासक के यहां बंदी सीता ज़रूर कठोर सुरक्षा व्यवस्था के तहत होगी वहां पहुंचना तो आसान नहीं होगा। इसके लिए किसी स्थानीय की मदद उपयोगी होगी ऐसा विचार कर उन्होंने विभीषण कोमनही मन याद किया। सामने देखा

भवन एक पुनि दीख सुहावा,

हरिमंदिर तंह भिन्न बनावा"

दोनों मिले कोड वर्ल्ड का मिलान हुआ।, हनुमानजी ने कहा "एहि सन हठि करिहौं पहिचानी"तो विभीषण ने जवाब दिया

जो रघुवीर अनुग्रह कीन्हा

तो तुम मोहि दरस हठ दीन्हा।

अब एक-दूसरे का कुशल क्षेम पूंछनेके हम बाद सामयिक, सामरिक और रणनीतिक, जमकर बातें हुई। हनुमानजी विभीषण की ओर से मनोनुकूल बातें सुनकर इतनेप्रसन्न हुए कि सीता जी की खोज के काम भूल से गये केवल विभीषण को श्रीराम से मिलानेकीही बातोमै मगनहोगये। हनुमानजी के दिमाग केवल विभीषण को शरणागत कराने की योजना ही चलरहीथी, विभीषण ने हनुमानजी से पूंछा,

करि प्रणाम पूछी कुसलाई।

विप्र कहहु निज कथा बुझाई

आप कौन हैं, हरिके सेवकौ में कोई है या आप स्वयं रामही है। विभीषण हनुमानजी से हनुमानजी कैबारेमे पूंछ रहै है लेकिन हनुमानजी राम जी के बारे में जानकारी देते है विभीषण तीन बार प्रश्न कर हनुमानजी से हनुमान के बारे मै जानकारी मांगते हैं लेकिन हनुमानजी तो हनुमान ही हैं वे संकेत देते हैं जो कुछ हैं श्रीराम ही है मैं तो कुछ नहीं। विभीषण केप्रश्न के उत्तर में हनुमानजी बड़े प्रेम सेपूरी की। पूरी रामायण सुना देते हैं

"तब हनुमंत कहीं सब राम कथा निज नाम"

तब हनुमानजी ने सबराम कथा कह सुनाई, यह भावार्थ है लेकिन प्रछन्न। गूढ़ार्थ कुछ और ही है हनुमानजी ने राम कथा नहीं सुनाई थी बल्कि सुनाया था, राम ने जो कहा था, और रामनै संदेश भेजा था (मेरे सबसे प्यारे विभीषण अब तुम्हारे कष्ठकेदिन समाप्त होने वाले हैं तुम सही समय पर सही निर्णय लेने का साहस दिखाओ बाकी सब मैं संभाल लूंगा)। हनुमानजी ने विभीषण को यह भी समझाया कि रिम का प्रण है कि

सर्वधर्मान परितज्य मामेकंशरणबृज

अहंत्वां सर्व पापैभ्योमोक्षिष्यामिमा शुचि

हनुमानजी ने समझाया कि तुम राम जी से मिल लो, की लेकिन विभीषण को यकीन नहीं हो रहा है कि मुझ जैसे अधम परभी श्री राम कृपा करेंगे। वे कहते हैं हनुमानजी सुनिये तो में तामस तन का जीव हूं कभी भी श्रीराम के चरण कमलों में प्रीति नहीहैं, रावण का भाई हूं क्या फिरभी श्रीराम मुझे शरण देंगे।

हनुमानजी ने समझाया कि तुम राम की शरणागत होजाओ तुम्हारे सारे कष्टसमाप्त हो जायेंगे। विभीषण की समझ में आ जाता है और फिर वह श्रीराम से मिलने कलिये तैयार हो जाता है।

सीता काअपहरणहुए काफी समय बीत चुका है रामचरितमानस के संकेतों को समझने की कोशिश करने पर यह अनुमान सहज लगताहै कि सीता लगभग 10माहसे रावण की कैद में है। अभी तक कभी-भी धर्मात्मा विभीषण कोर्स ज्ञाननहीं हुआ कि रावण ने गलत किया है इसलिए कैसे पहले कभी भी उसने अधर्मी रावण को, समझाने की कोशिश।नहीं की

अब हनुमानजी केआश्वासन से उत्साहित विभीषण

न अवसर समझ कररावण को ऐसा और इतना अधिक समझाया कि क्रोधित हो श्ररावणने लातमारकर उसका निष्कासन करदिया

तब विभीषण को समझ में आया

राम सत्यसंकल्प प्रभु सभा कर बस तोरि।

मैं रघुवीर सरन अबजाउं देहु जनि खोरि।।

और विभीषण राम की ओर चलदेते हैं,

मन में चिंतन चल रहा है।

देखिहहु जाइचरन जल जाता,

अरुन मृदुल सेवक सुख दाता।

हर उर सर सरोज पद जेई।

अहो भाग्य मैं देखिहहुं तेई।।

ऐसा विचार करते हुए विभीषण अपने सचिवों के साथ

समुद्र के इस ओर आ गये (यह है तुलसीदास जी की सूक्ष्म विशेषता, राम के साथ रामकेपासरामकीओर बढ़नेपर इस ओर चलता है इस

ओर ही पहुंचता है । और रामसे दूर, विमुख होने वाला उस ओर पहुंचता है।)

इसके बाद देखने योग्य है राम और विभीषण का संवाद । जिसमें संधि की शर्तों पर चर्चा के बाद समझौता होता है सीटों का बंटवारा तय होता है।

जब रामादल में इस बात के लिए विचार मंथन होरहाहै। विभीषण का क्या किया जाए। हनुमानजी ने किसी को नहीं बताया है कि विभीषण को वो न्योता दे आये थेअधिकांशत: रायबनरहीथी कि निशाचरोंकीमाया जल्दी समझने योग्य नहीं होती। अतः विभीषण को कारागार में डाल दिया जाय। हनुमानजी चिंतित हुए कहीं उनके द्वारा विभीषण को दिया गया वचन मिथ्या न हो जाय। लेकिन श्रीराम तो उसे ही कहते हैं जो अपने भक्तों का ि पहले ख्याल रखता है। प्रजातंत्रात्मक ढंग से विचार विमर्श के बाद श्रीराम ने व्यवस्था दी कि

"उभय भांति तेहि आनहु, हंस कह कृपा निकेत"

यही नहीं श्रीराम ने व्यवस्था दी कि

जो सभीत आवा सरनाई

रखिहहुं ताहि प्रानकी नाई

अब हनुमानजी प्रसन्न हुऐ कि उनका वचन असत्य न होगा।, "सुनि प्रभु बचनहरस हनुमाना

सरनागत बच्छल भगवाना।,

हनुमानजी हीहर्षित हुये, क्यो क्योंकि वे ही विभीषण को आश्वासन देआयेथे की श्रीराम आप को शरण में ले लेंगे।।अब विभीषण राम

के पास हनुमानजी और अन्य बानरो के साथ पहुंचते हैं।पहले उन्होंने दूरसे ही दोनों भाइयों देखा वे नयनों को बहुत आनंद कर लगे। फिर विभीषण ने केवल राम को देखा तो जड़ वत एक टक होकर देखता ही रह गया। फिर उसे दिखाई दिया कि भगवान की विशाल भुजाएं हैं, लाल कमल के समान बड़ी-बड़ी आंखें हैं और शरणागत के भय को नष्ट करने एदु श्यामल शरीर है ।यह सब देख कर विभीषण को विश्वास हो गया कि अब तो मेरा कल्याण होना निश्चित है, अगर मैं डगमगा कर गिर रहा होऊंगा तो श्रीराम की लंबी बाहें संभाल लेगी। और राक्षस कुल की जी कालिमा है वह सब शरणागत होने के बाद रक्त कमलनयन के प्रेम सागर में नहा कर पावनहोजायेंगे। ऐसा सोचते हुए विभीषण ने आवाज लगाई, हे दुखियों के दुःख दूर करने वाले, और शरणागत को सुख देने वाले भगवान, मेरी रक्षा कीजिए रक्षा कीजिए।ऐसा कहकर विभीषण ने। दण्डवत किया, ऐसा प्रभुने देखा वे विशेष हर्ष के साथ उठेफिर विभीषण की आर्तवाणीसुनकरमन से प्रसन्न होकर भगवान श्रीराम ने विशाल भुजाओं से पकड़कर उठाकर अपने हृदय से लगा लिया। यहां पर गोस्वामी तुलसीदास जी की पैनी नज़रों की और रामचरितमानस की वैज्ञानिकता की दाद दिए बिना न्याय नहीं होगा आप स्वयं देखिए। विभीषण श्रीराम के सामने दो क्रियाएं करते हैं आर्त आवाज से शरण देने की प्रार्थना करना और दूसरा दण्डवत प्रणाम करना आर्त आवाज की प्रार्थना अभी श्रीरामने सुना नहीं है लेकिन दण्डवत प्रणाम करना देख लियां उसके बाद शरण में लेने की आवाज सुनी। क्योंकि विभीषण ने दूर से ही प्रणाम किया था और प्रकाश की गति ध्वनि की तुलना में काफी अधिक होती है इसलिए दृश्य पहले दिखाई दे गया और आवाज श्रीराम ने बाद में। सुनी इसीलिए तुलसीदास जी ने लिखा कि

असकहि करत दण्डवत देखा, राम ने विभीषण को दण्डवत करते हुए देखा। और तुरन्त उठ खड़े हुए फिर

इसके बाद

"दीन बचपन सुनि प्रभु मन भावा

तबश्रीराम विभीषण को

भुज विसालगहि ह्रदय लगावा, "यहां पर गोस्वामी तुलसीदास जी की द्दष्टि निश्चित रूप से वैज्ञानिक है भले ही विभीषण ने आर्त निवेदन पहले ही किया हो, लेकिन प्रकाशकीगति, ध्वनि की गति की अपेक्षा अत्यंत तीव्र होने के कारण दण्डवतकरना पहले दिखाई दे गयाऔरदेखतेहीराम उठखड़े हुए, फ़िर जब आरत वाणी सुना तो****

दीन वचन सुनिः_भुज विसाल गहि ह्रदय लगाना।

अब भक्त विभीषण और भगवान श्रीराम की बात नहीं है रावण को परास्त करना है अपने समय का परम पराक्रमी और योद्धा सर्वश्रेष्ठ मायावी रावण को परास्त करने की रणनीति बनाने वाले अत्यंत सीमित साधन केवल धनुष और बाण धारी राम और अपने भाई से अपमानित विभीषण से रणनीति की बाते शुरू होती हैं।

विणभीषण ने लंकाछोड़तेसमय सोचाथा कि"हर उर सर सरोज पद जेई, अहो भाग्य मैं देखिहहुं तेई, "। श्रीराम के चश्रण कमलों के दर्शन कीआश लैकर विभीषण राम के पास आते हैं और इधर श्रीराम भी विभीषण को बहुत महत्वपूर्ण नही समझ रहे थे। उन्होंने कहा कि आने दो कोई परेशानी की बात नहीं है।

"उभय भांति तेंहि आनहु हंस कह कृपा निकेत

जय कृपाल कहि कपि चले अंगद हनू समेत"

वह राक्षस है तो लक्ष्मण जी संभाल लेंगे और अगर शरणागत है तो मैं । तुम तो उभय भांति तेंहि आनहु।

श्रीराम के दूत और सेवक आदरपूर्वक विभीषण को रामके पास ले आते हैं।। दोनो, श्री राम और विभीषण एक-दूसरे के काफी नजदीक आ चुके हैं किन्तु अभी दोनों एक दूसरे को परख रहे हैं।

विभीषण, शरण तो मांग रहे हैं लेकिन कोई दुराव नहीं करना चाहते वैश्रीराम से निवेदन करते हैं

1. भगवन मैं रावण का भ्राता हूं
2. मेरा जंम निशाचर कुल में हुआ है

मैं आपकी शरण चाहता हूं

विभीषण मन ही मन सोच रहे हैं कि अब देखना है राम क्या फैसला करैंगे अपने साथियों की तरफ चलेंगे या अपने प्रण कीरक्षा करेंगे। क्योंकि उनके साथियों ने ही राम को डराने की कोशिश की थी।"आवा मिलनदशानन भाई, ।(और) जानि न जाइ निशाचर माया, (तथा) राखिए बांधि मोहि अस भावा।"आदि सब तर्क सुग्रीव ने ही दिये थे। इसी लिए विभीषण कह रहे हैं कि हां मैं रावण का भाई हूं और मैं निशाचर भी हूं।अब बताइए कि आप मुझे स्वीकार करने को तैयार हैं कि नहीं।

"नाथ दसानन कर मै भ्राता

निसिचर बंस जनम सुर त्राता"

इसके बाद ही विभीषण श्री राम से शरण मांगते हैं।

"श्रवन सुजसु सुनि आयहुं प्रभु भजन भव भीर

त्राहि-त्राहि आरति हरन सरन सुखद रघुवीर"।

विभीषण ने राम को बहुत विचलित कर दिया। युद्ध करना है रावण जैसे भयंकर दुर्दांत महापराक्रमी मायावी दुश्मन के साथ। जिसके लिए सुग्रीव की बानर सेना चाहिए ही, यह भी सत्य है कि मर्यादापुरुषोत्म श्रीराम को रावण पर विजय प्रप्त करनेके लिए विभीषण जैसे भेदिया का साथ भी परम आवश्यक है।सब कुछ ठीक से विचार करने के बाद श्रीराम ने विभीषण को अपनी शरणमे ले लिया।अब कुछ ऐसा करना है कि विभीषण रावण को और रावण के राज को भूलकर केवल राम के हों जांय। श्रीराम ने किसी से परामर्श भी नहीं किया और अमोघ बृम्हास्त्र प्रयोग, कर विभीषण को सदा के लिए अपना बना लिया।

"असकहि राम तिलक तेहि सारा।

सुमन वृष्टि नभ भयी अपा रा।।"

जय-जय श्रीराम।

9 ढोल गवार शुद्र पशु नारी

ढोल गंवार शूद्र पशु नारी
(सकल ताड़ना. के अधिकारी)

सब शिक्षित होने के अधिकारी

कहीं कुछ भी संशोधन अथवा परिवर्तन की आवश्यकता नहीं है रामचरितमानस में तो भाई चौपाई जिस रूप में अंकित है वही सही है और उसका सही अर्थ समझने की आवश्यकता है।

ढोल गवार शुद्र पशु नारी

सकल ताड़ना के अधिकारी

का तात्पर्य केवल यही है कि यह सब शिक्षा पाने का अधिकार रखते हैं इसलिए बात का बतंगड़ न बना प्रकरण को सदा सदा के लिये समाप्त किया जाए।

देखिए इस चौपाई की विस्तृत व्याख्या

सकल ताड़ना केअधिकारी

इसको ढोल गवार शुद्र पशु नारी के साथ जोड़कर तुलसी द्वारा नारी के अपमान की बात की जाती जो कि उचित नहीं है।क्योकि आप भावार्थ गलत करते हैं।

सकल ताड़ना के अधिकारी "मे ताड़ना शब्दकेमायने क्या है

सामाान्यत: इसका अर्थ किया जाता है___

ढोल गंवार शूद्र पशु और नारी येसब दण्डित कियेजाने योग्य हैं।यह अर्थ सही नहीं है ।ऐसा अर्थ करने और समझने वाले साहित्य और व्याकरण समझ नहीं सके हैं।संपूर्ण राम चरित मानस मे दण्डित करनै या मारने के लेये ताड़ना शब्द का प्रयोग नहीं किया गया है।अत:यहाँ भी यह अर्थनहीं होगा।ताड़ना का मतलब किसी कोपैनी नजर सै देखना (to watch) होता है ।जैसे तुम बडी देर।सै क्या ताड़ ।रहे हो।

वैसे एकचौपाई मे चा र चरण होतेहैं ।इसलिये अर्थ करते समय चारो चरुणोंसेसंयुक्तार्थ निकालना चाहिए । इस प्रसंग मे पूरी।चौपाई इस प्रकार है___

प्रभु भल कीन्ह मोहिंसिख दीन्हीं

मरजादा पुनि तुम्हरी कीन्ही

ढोल गंवार शूद्र पशु नारी

सकल ताड़ना के अधिकारी।

अब इस चौपाई का सहज अर्थपूर्ण तात्पर्य देखिये

श्रीराम द्वारा अग्नि बाण तान लेन।मात्र से तिल मिलाया और भयभीत समुद्र विप्र रूप मे आकर राम से बिनती करता है हे प्रभु आपने गुस्सा किया मुझे सोखने के लिएबाण चढा लिया अच्छा किया।इसी बहाने आपने मुझे सीख भी दिया

(कि कोई कितना भी बड़ा क्यों न हो सबसे बड़ा नहीं हो सकता सबको अपनी मर्यादा मे रहना चाहिए)

और यह बात मेरी समझ मे तोआगई।इसी कारण

कनक थार भरि मनि गन नाना।

विप्र रूप आयउ तजि माना।।

समुद्र कह रहा है आपकीसीख से मै तो सुधरगया शिक्षतहोगया। इसी प्रकार हमारेजैसे दूसरे दीन हीन असहाय लोग ढोल गंवार शूद्र पशु नारी, ये सभी भी शिक्षित होने के अधिकारी हैं

क्योंकि अन्य बडै और समर्थ लोग तो कहीं से भी बडे बडे मंहगे शिक्षा केंद्रों से शिक्षित हो सकते हैं।हम अनाथो असहायों के लिये तो आपके शिक्षाकेन्द्रपर मिलने वाले 100% आरक्षण का ही सहारा है ।

और समझिये

गोस्वामी तुलसीदास जी ने लिखा है यह सब ताड़न के अधिकारी ताड़ना के अधिकारी हैं ताड़ना केयोग्यहैं ऐसानही लिखागया है ।सकल ताड़ना केअधिकारी

गोस्वामी तुलसी दास जी कोशब्द चयनकी कला मे निपुणता हासिल है इसीलियेउन्होने

लिखा__"सकल ताड़ना केअधिकारी"।वे

सकल ताड़ना कैजोगू

भी लिख सकते थे तब भी भावार्थ यहीं रहता।लेकिन तब अनर्थहो जाता।

तब तात्पर्य होता येसब इसीलायक हैंकि इनको ताड़ना दिया जाय।तबसमाजको या समाज कठेकेदारोंको इनको ताड़ना का अधिकार मिल जात।जोकि तुलसी की मंशा केविपरीत होता

इसलिये तुलसी नेलिखा___

सकल ताड़ना के अधिकारी ।अब अधिकार

उनका है वेअपनी मर्जी सै ताड़ना का अधिकार लेने को स्वतंत्र हैं।जैसे मतदान का अधिकार सबको हैलेकिन मतदान न करने वाल को दण्ड नहीं मिलता।।सारांश यह कि ये सब ताड़ना क अधिकारी हैं और वह अपना अधिकार अपनी मर्जी।अनुसार ताड़ना ले सकते हैं। यह उनका मौलिक अधिकार है इस अधिकार के सहारे वे आपसे अपनी सुविधानुसार शिक्षा ग्रहण कर सकते हैं बस इतनी सी बात है इस चौपाई में कही गई विधर्मियों ने बात का बतंगड़ बना कर पता नहीं क्या-क्या लिख दिया

ओम जय श्री सीताराम

दीनो के नाथ दीनानाथ की जय।

10 यह संवाद जासु उर आवा

सीता जी का पता लगाकर लौटे हनुमान जी से राम जी की जो वार्ता होती है उसके संबंध में गोस्वामी तुलसीदास जी लिखते हैं कि जिसने भी इस संवाद को हृदयंगम कर लिया उसने राम की भक्ति सहज ही प्राप्त कर लिया। प्रसंग है सीता जी के समाचार हनुमान जी राम जी को दे रहे हैं तभी हनुमान जी के कर्तव्य परायणता और राम के प्रति अटूट भक्ति का नमूना देखकर श्री राम जी इतने प्रसन्न हो जाते हैं कि वे हनुमान जी को हृदय लगाने के साथ-साथ उनके सर पर अपने कर कमलों से अपने प्रेम का एहसास भी करा देते हैं। ऐसा करने की प्रक्रिया को शंकर जी पार्वती जी को बताते बताते स्वयं प्रेम में इतना मस्त हो गए कि उन्हें सुध बुध का ध्यान नहीं रहा । केवल इतना ध्यान रहा कि उनके आराध्य भगवान श्री राम अपना हाथ हनुमान जी के सर पर फिरा रहे हैं और हनुमान जी तो स्वयं शंकर जी हैं इसलिए ऐसा बताते बताते शंकर जी राम जी की कृपा का अनुभव करके इतना मगन हो गए की पार्वती जी को कथा सुनने की प्रक्रिया में अल्पविराम हो गया। दूसरे ही क्षण शंकर जी को अपनी स्थिति का भान हो जाता है इसीलिए स्वयं अपने को सावधान करते हुए पुन इस सुंदर कथा को कहना प्रारंभ कर देते हैं इस रहस्य की सभी बातों को सभी लोग समझ नहीं पाते लेकिन जो समझ लेते हैं उनको श्री राम की भक्ति सहज ही प्राप्त हो जाती है ऐसा ही सुंदर कांड में शंकर जी द्वारा कहा गया है आप इस प्रसंग को एक बार पुन देखिए प्रसंग वही है श्री राम जी हनुमान जी से

पूछते हैं लंका में जानकीजी कुशल से तो है ना ऐसी भयंकर आपदा के रहते हुए सीता जी अपने प्राणों की रक्षा किस प्रकार कर रही हैं

कहउ तात केहि भांति जानकी

 रहति करत रक्षा स्व प्राण की

वत्स बताओ लंका में मेरी जान की किस भांति हैं ।वे अपने प्राणों की रक्षा किस प्रकार कर पा रही हैं ।हनुमान जी ने इसका उत्तर भी दे दिया और कहा कि भगवान आप परेशान न हो उनकी प्राणों को कोई खतरा नहीं है क्योंकि

नाम पाहरू दिवस निस ध्यान तुम्हार कपाट

लोचन निज पद जन्त्रित जांहि प्रान केहि बाट

जानकी जी निरंतर दिन रात राम नाम का स्मरण करती हैं और आप ही का ध्यान करती रहती हैं इस प्रकार राम के नाम का पहरा देखकर सशक्त पहरेदार देखकर प्राण के निकालने की हिम्मत नहीं हो रही आपका ध्यान जानकी जी कर रही हैं मानो प्राण के निकलने का दरवाजा भी बंद है दरवाजा खुला नहीं है राम नाम का पहरा है तो प्राण कैसे निकाल पाएंगे इस पर राम जी ने इशारों इशारों में हनुमान जी से कहा आंख के रास्ते से तो प्राण निकल सकते हैं, हनुमान जी ने कहा नहीं भगवान वहां से भी निकलना संभव नहीं है क्योंकि जानकी जी ने अपने नेत्रों की दृष्टि को अपने पैरों में गड़ा रखा है । दृष्टि पटल का जब तक कोई भंजन नहीं होता तब तक प्रभु आप ही बताइए प्राण निकले तो किस रास्ते से निकले ।अर्थात जानकी जी के प्राण निकल नहीं सकते आप परेशान ना हो। इस इस प्रकार जानकी जी के समाचार राम जी को सुना कर हनुमान जी ने उन्हें संतुष्ट कर दिया अब प्रश्न और उत्तर का कार्यक्रम समाप्त हो जाना चाहिए था लेकिन ऐसा लगता है अभी राम जी को

संतोष नहीं हुआ और हनुमान जी को भी लगा की राम जी सीता जी के बारे में और विस्तार से सुनना चाहते हैं यह है श्री राम की नर लीला का प्रवाह सामान्य स्थिति यही होती है जब कोई व्यक्ति बहुत समय तक अपनी प्रियतमा से दूर रहता है तब वह उसके समाचार जानने के लिए कितना व्याकुल रहता है ।वही श्री राम जी यहां पर दिखा रहे हैं जैसे ही श्री राम जी ने हनुमान जी से इशारों इशारों में कहा और क्या समाचार हैं जरा विस्तार से बताओ ना तो हनुमान जी ने भी विस्तार से बताना प्रारंभ किया और इस विस्तार से बताने में थोड़ा सा चूक कर बैठे उन्होंने कहा कि माता ने चलते समय मुझे चूड़ामणि दिया है रामने उसको अपने दिल से लगा लिया फिर कहा हनुमान जी ने कि सीता जी ने कहा है कि राम जी से मेरा दुखड़ा सुनाना तो हे भगवान मैं बता रहा हूं

सीता के अति बिपति विशाला

बिनहिं कहे भल दीन दयाला सीता जी अत्यंत विपत्ति में हैं ऐसा कहते समय हनुमान जी भूल गए कि वही पहले बता चुके हैं कि सीता जी दिन रात रामका नाम जपती रहती हैं राम जी ने यही बात पकड़ ली पहले तो उन्होंने सीता की विपत्ति को सुनकर दुखी होने का अभिनय किया और उसी अवस्था में हनुमान जी से पूछ लिया कि

सुनि सीता दुख प्रभु सुख अयना

भर आए जल राजीव नैना

बच्चन काय मन मम गति जाही

सपनेहु में बू़झिअ विपत्ति की ताही

अब हनुमान जी को भी समझ आ गया की कहां चूक हो गई उन्होंने तुरंत अपने कहे का सुधार किया और कहा हां भगवान आपका कहना एकदम सही है

का हनुमंत विपत्ति प्रभु सोई

जब तव सुमिरन भजन न होई

ऐसी प्रेम भरी आलाप मैं हनुमानजी और राम जी बहुत मगन हो गए और हनुमान जी राम जी के मुख की ओर निहारते हुए उनके चरणों पर गिर पड़े प्रभु उनको बार-बार उठाने का प्रयास करते हैं लेकिन हनुमान जी उठना नहीं चाहते यहां पर भक्त और भगवान की विलक्षणता देखने योग्य है हनुमान जी मन ही मन कह रहे कि भगवान मैं अतिरेक में कुछ गलत कह गया मुझे क्षमा करें हनुमान जी अपनी गलती का एहसास करते हुए प्रभु श्री राम के चरणों को छोड़ना नहीं चाहते ।

बार-बार प्रभु चहब उठावा

प्रेम मगन तेहिं उठब न भावा

पार्वती जी को राम कथा सुनाने वाले शंकर जी को ध्यान आया कि

प्रभु कर पंकज कपि कै सीसा

सुमिर सो दसा मगन गौरीसाहिं

इस समय तो मेरे स्वामी श्री राम जी का कमल के समान कोमल हाथ हनुमान जी के सर पर है और हनुमान जी तो स्वयं शंकर जी

हैं इसलिए ऐसा बताते बताते शंकर जी राम जी की कृपा का अनुभव करके इतना मगन हो गए की पार्वती जी को कथा सुनने की प्रक्रिया में अल्पविराम हो गया। दूसरे ही क्षण शंकर जी को अपनी स्थिति का भान हो जाता है इसीलिए स्वयं अपने को सावधान करते हुए पुन इस सुंदर कथा को कहना प्रारंभ कर देते हैं

शंकर जी के आगे भी कहते हैं कि

यह संवाद जासु उर आवा

रघुपति चरन भक्ति सोइ पावा

जो राम के स्वभाव को जान जाए उसे भगवान की भक्ति के अलावा कुछ और नहीं सुहाता

और वह भगवान की भक्ति जो है प्राप्त करने का सरलतम उपाय है, इस राम और हनुमान के इससंवाद को भली-भांति हृदय में उतारना ओम जय श्री रामेश्वराय नमः

11 हनुमान जी का प्राकृट्योत्सव है

आप सबको बहुत-बहुत यथायोग्य बधाई शुभकामनाएं और शुभाशीष। आप सब को हमको मालूम है भगवान राम का जन्म हुआ रावण मारा गया श्री कृष्ण का जन्म हुआ कंस मारा गया ।सभी अवतार कारण विशेष से हुए हैं ऐसा समझ में आता है। अब विचार करिए हनुमान जी का अवतार किस कार्य विशेष के लिए हुआ। यह प्रश्न जैसे ही उठा इसका समाधान भी मिला जब जामवंत जी हनुमान जी से कहते हैं राम काजके लिए ही आपका अवतार हुआ है।

"राम काज लगि तव अवतारा"

हनुमान जी को यह याद ही नहीं था कि वह इस धरा पर क्यों आए । जामवंत जी ने याद दिलाया और हनुमान जी ने राम काज करके दिखा दिया। रामकाज क्या है और हम कैसे राम का संपन्न करें जिससे हम राम के जन बनकर राम के समीप। ही नहीं परम समीप पहुंच सके यह समझना है तो राम चरित्र मानस के सुंदरकांड का मन लगाकर पाठ मनन और चिंतन करना चाहिए अभी तो हम रामचरितमानस के अनुसार और विशेष रूप से सुंदरकांड के अनुसार रामकाज क्या है उसे पर विचार करते हैं।

हनुमान जी

और राम काज

हनुमान जी के लिए कहा गया है कि राम काज करने को आतुर हैं।राम का कार्य करने के लिए हनुमान जी सदा तत्पर रहते हैं हम सभी जानते हैं कि हनुमान जी समुद्र लांघ करलंका जाकर सीता का पता लगाए थे ।यही उनको काज सौंपा गया था । हनुमान जी तो राम काज करने को आतुर रहते हैं लेकिन सीता की खोज में उन्होंने कहीं भी आतुरता नहीं दिखाई लंका पहुंचकर हनुमान जी सबसे पहले जिस महत्वपूर्ण व्यक्ति से मुलाकात करते हैं वह हैं विभीषण ।विभीषण की हनुमान जी की लंबी वार्ता होती है ।लेकिन इस वार्तालाप मे भी हनुमान जी एक बार भी विभीषण से सीता जी के बारे में कोई जिज्ञासा नहीं ब्यक्त करते । बीच में जब अपनी बिभीषण खुद से ही बतातेहै कि अशोक वाटिका में सीता जी हैं तब हनुमान जी कहते हैं कि मुझे माता के दर्शन करा दो। उसके बाद हनुमान जी की सीता जी से भेंट हो जाती है। हनुमान जी मेघनाथ के द्वारा बांधे जाते हैं और रावण के दरबार में उपस्थित होते हैं और रावण से कहते हैं कि आप के पुत्र ने मुझे गलत बांध लिया है। मैं तोइस बंधन को भी नकार सकता था लेकिन मैंने अपने प्रभु काकामकरने के करने के लिए मैंने बंधन स्वीकार किया है स्पष्ट है कि अभी राम काज बाकी है जिसे करने के लिए हनुमान जी ने बंधन स्वीकार किया था। आइयेअब समझते है राम काज क्या था ।

राम काज

राम काज करने को आतुर हनुमान जी का अवतार राम काज करने के लिए ही हुआ है ऐसा जाम्बवंत जी ने हनुमान जी को उनके बल का स्मरण कराते हुए कहा है

राम काज लगि तव अवतारा

लेकिन राम काज है क्या इसे कहीं परिभाषित करते हुए स्पष्ट नहीं किया गया है सामान्यत: सीता की खोज करना ही राम काज माना गया है। जिसे करने के लिए हनुमान जी को जिम्मेदारी सौंपी गई है ।जैसा कि सुग्रीव और जामवंत जी ने स्पष्ट भी किया है जामवंत जी कहते हैं

इतना करहु तात तुम जाई ।

सीतहि देखिकहहु सुधि आई ।।

जामवंत जी ने कहा कि हनुमान जी आप न तो त्रिकूट पर्वत को उखाड़ कर यहां लाइए और ना ही सहायकों सहित रावण को मार डालिए, और ना ही समुद्र का भक्षण करिए आप तो केवल जाकर इतना ही करिए सीता जी को देखकर लौट आइए और यही संदेशाश्री राम जी को दीजिए ।इसी प्रकार सुग्रीव ने भी सीता जी की खोज करना ही राम काज बताया है राम का काम और मेरा अनुरोध है आप लोग जनक सुता की खोज करने के लिए जाइए और एक माह के अंदर वापस लौट कर समाचार दीजिए

राम काजअरु मोर निहोरा

बानर जूथ जाहु चहुं ओरा

जनक सुता कंह खोजहु जाई

मास दिवस मंह आयहु भाई ।

लेकिन नहीं सीता की खोज करना राम काज नहीं था क्योंकि सीता का अता पता ठिकाना सब कुछ राम को पता था जटायु ने बताया था

नाथ दशानन यह गतिकीन्हीं ।

तेहि खल जनक सुता हरि लीन्हीं ।

ले दक्षिण दिसि गयऊ गोसाई

विलपति अति कुररी की नाई

इसलिए सीता की खोज की आवश्यकता थी ही नहीं।सीताखोज की आड़ में राम को अपना काम कराना था इसीलिए जब हनुमान जी ने सीता की खोज के लिए प्रस्थान करने के लिए सबसे अंत में राम जी को प्रणाम किया तो राम जी ने अपने काम का स्मरण करते हुए अपने जन हनुमान जी कोअत्यंत निकट बुलाया और समझाया हनुमान जी आपको राम काज करना है और रामकाज क्या है यह उन्होंने हनुमान जी से बहुत गोपनीय ढंग से एकांत में बताया है इसीलिए श्री राम जी ने हनुमान जी को अपने निकट बैठाकर अपना गोपनीय संदेशा देकर और अपनी अंगूठी दे कर हनुमान जी को कृतार्थ किया है। ऐसा ही कुझ गोस्वामी तुलसीदास जी जी ने लिखा है आप स्वयं देखिए

पाछे पवन तनय सिर नावा

जानि काज प्रभु निकट बुलावा

परसा सीस सरोरुह पानी

कर मुद्रिका दीन जन जानी

इसके बाद श्री राम जी ने यही कहा कि हनुमान जी सीता को बहुत प्रकार से समझाना जिससे उसके मन में कोई संदेह न रह जाए आपको बल का बखानभी करना है और बिरह का बखान करना है।श्री राम ने हनुमान जीसे यह नहीं कहा कि सीता की खोज करना है क्योंकि उन्हें तो मालूम था ही किसीता कहां पर है सीता कहां हैं यह तो जटायु ने बताया था ना

नाथ दशानन या गति कीन्हीं ।

तेहिखल जनकसुतहिं हर लीन्ही

श्री राम ने जो काम सौंपा है

पहला कामहै।

बहु प्रकार सीतहि समझाएहु

और दूसरा काम है

कहिबलबिरहबेगितुम आएहु

सीता को बहुत प्रकार से समझाना है यह पहला कार्य है और दूसरा कार्यबताया है बल का और विरह का वर्णन करके शीघलौट आना।सीता को समझा कर वापस लौटने के लिए राम ने नहीं कहा सीता को तो बहुत प्रकार से समझाना है उसमेसमय लग सकता है

इसलिए शीघ्र लौट आना ऐसा नहीं कहा । इसके बाद जो दूसरा काम है कहि बल बिरह इसके बाद स्थिति खराब हो सकती है इसलिए अब राम ने कहा कि शीघ्र लौट आना सीता से बिरह का और रावण से बल का बखान करना हे, ऐसा राम ने संकेत दिया है, स्थित खराब हो सकती है तब जब बल का बखान तथा बल का प्रदर्शन रावण के समक्ष किया जाएगा तब रावण क्रोधित होकर हनुमान जी को बंदी बनाने की कोशिश करेगा ऐसा सोच कर ही राम ने कहा कि बल और बिरह का बखान करने के बाद शीघ्र लौट आना इस प्रकार यह संकेत मिलता है कि राम का काज सीता की खोज करना नहीं बल्कि रावण को समझाना और उसको उसकी औकात दिखाना ही था और ऐसा ही हनुमान जी ने किया भी ।जिसकी शुरुआत होती है हनुमान जी के कथन से कि राम का काम करने से पूर्व मुझे विश्राम नहीं करना विश्राम नहीं करना

राम काज कीन्हे बिना मोहिं कहां बिश्राम

सीता की खोज करना औरराम का कार्य करना दो अलग-अलग काम करना है । ऐसा हनुमान जी ने ही स्पष्ट किया है जब सुरसा हनुमान जी को खाने की कोशिश करती है हनुमान जी कहते हैं कि हे माता मुझे अभी जाने दे मुझे सीता माता की खोज करना है और राम का कार्य करना है यह दोनों कार्य करके मैं स्वयं अपने को तुम्हे समर्पित कर दूंगा तब तुम मुझे खा लेना

1. राम काज कर फिर मै आवौं
2. सीता कि सुधि प्रभुहिं सुनावौं।

यह बात सुरसा को समझ में आ गई इसीलिए उसने बाद में हनुमान जी को आशीर्वाद देकर कहा कि हनुमान जी आप बड़े बुद्धि निधान हैं आप बल और बुद्धि के निधान हैं आप श्री राम जी के सब कार्य करने में सफल होंगेऐसा आशीर्वाद दिया।सुरसा ने हनुमान जी को

सब कार्य सफल करने का आशीर्वाद दियाहै सुरसा और हनुमान जी के मध्य हुए इस कथोपकथन से यह सिद्ध हो जाता है की हनुमान जी(एक से ज्यादा)दो कार्य लेकर लंका की ओर जा रहे हैं

1. सीता की सुध लेना और
2. राम का कार्य करना

हम आगे इसको और स्पष्ट कर रहे हैं

हनुमान जी ने सीता को खोज लिया है विभीषण ने बता दिया है कि सीता जी कहां है और किस हालत में है हनुमान जी कहते हैं कि हे भाई मैं भी सीता माता को देखना चाहता हूं ।

पुनि सब कथा बिभीषण कही

जेहि विधि जनक सुता तहां रही

बिभीषण जी युक्ति समझाते है और उसके अनुसार ही हनुमान जी सीता जी के पास पहुंच जाते है अगर सीता की खोज करना ही राम काज होता तो सीता से भेंट के पश्चात यह कार्य तो पूरा हो जाता और हनुमान जी वापस लौट जाते ।लेकिन अभी कार्य पूरा नहीं हुआ है जो जामवंत जी ने समझाया था सीता की सुध ले कर के फिर लौट आना यह कार्य तो पूरा हो गया ।लेकिन राम काज अभी नहीं हुआ है वह कैसे मालूम हनुमान जी ने स्वयं कहा है कि राम काज अभी बाकी है आप स्वयं देखिए, थ

रावण के दरबार में हनुमान जी को मेघनाथ बांध कर ले गया है ।बांधने से पहले मेघनाथ और हनुमान जी में युद्ध होता है और युद्ध में हनुमान जी एक क्षण के लिए मेघनाथ को मूर्छित भीकर देते हैं

मुठिका मारि चढ़ा तरु जाई

ताहि एक छन मूरूछा आई।।

मेघनाथ के कोई शस्त्र काम नहीं आते हनुमान जी मेघनाथ पर हावी होते हैं मेघनाथ परेशान होकर हनुमान जी पर ब्रह्मास्त्र का प्रयोग करता है और मूर्छित हेजाने पर हनुमान जी को नागपाश में बांध देता है इस समय भी तुलसीदास जी संकेत देते हैं कि हनुमान जी बंधन में क्यों आए वे लिखते हैं कि

प्रभु कारज लगि कपिहिंबंधावा ।

कपि ने प्रभु का कार्य करने के लिए अपने को बंधन में होना स्वीकार कर लिया ।बंधन में हनुमान जी कभी नहीं आये।कपि ने स्वयं बंधन स्वीकार किया था यह आगे की घटना से औरभी स्पष्ट हो जाता है रावण जब पूछता है कि अरे बंदर तुम कौन हो तुमको डर नहीं है क्या ।तुमने मेरे निशाचरोंक्यों मारा ।आदि आदि ।तब हनुमान जी कहते हैं कि मैंने तो कुछ नहीं किया भूख लगी थी फल खा लिए बंदर के स्वभाव के अनुसार सूखे वृक्षों को तोड़ दिया फिर भी आपके राक्षसों ने औरआपके लड़कों ने मुझे मारा जिन्होंने मुझे मारा मैंने भी उनको मारा लेकिन आपके लड़के ने तो मुझे बंधन में डाल दिया ।रबंधन में होने का मुझे कोई मलाल नहीं है ।क्योंकि मैंनेतो अपने प्रभु का काम करने के लिए बंधन में होने को स्वीकार किया है

मोहि न कछु बांधे कइ लाजा

कीन्ह चहहुं निज प्रभु कर काजा

यानी यह सिद्ध गया कि सीता की खोज करने के बाद भी राम का काज बाकी था और जिसे पूरा करने के लिए हनुमान जी ने अपने को बंधन में स्वीकार किया था।

जिस कपि ने प्रभु का कार्य करने के लिए स्वयं को बंधन में डाल लिया था उसी कंपि ने जब बंधन मुक्त होना चाहा बंधन से निकलकर उचक कर अटारी चढ् गया।

निबुक चढ़ेउ कपि कनक अटारी

भई सभीत निसाचर नारी

देखा आपने बंधन में कपि हीआया था हनुमान जी बंधन मैनहीं आए थे बंधन से मुक्त भी कपि ही हुआ है। हनुमान जी तो ना बंधन में थे और नान ही कोई उनको बांध सकता है अब हनुमान जी ने राम का काम करना शुरू किया।खेल किया पूछ बढ़ाई नगर में आग लगाई। उलट पलट लंका सब जारी

सारी लंका को जला कर के खाक कर दिया कोई नीचे न रह गया हो कोई शस्त्रागार परमाणु रिएक्टर वगैरा नीचे हो सकता है यह सोच कर और राम का काम करने के लिए हनुमान जी ने लंका में उलट-पुलट लंका सब जारी।हनुमान जी ने इस महान कार्य को अकेले ही संपन्न कर दिया हनुमान जीको दो कार्य करनेथे। पहले वह जो सुग्रीव नेसौंपा था और जिसे बाद में जामवंत ने स्पष्ट किया था केवल और केवल सीता का समाचार लेकर के लौट आना है।

इतना करहु तात तुम सुग्रीव ने और जामवंत जी ने हनुमान जी को समझाया था सबके सामने स्पष्ट बात हुई थी इसलिए राम जी ने भी सीता के समाचार हनुमान जी से सबके सामने पूछे। लेकिन जो कार्य हनुमान जी को श्री राम ने सौंपा था और सब की नजर बचाकर के गोपनीय रूपसेकान में कहाथाउसकार्यकबारे में हनुमान जी से

रिपोर्ट श्रीराम नेसबके सामने हनुमान जी से लिया। यह तो केवल राम को ही पता था हनुमान जी के पास और भी महत्वपूर्ण कार्य है जिसकी रिपोर्ट सबके सामने नहीं ली जा सकती है। एक कुशल रणनीतिकार की तरह श्री राम जी ने गोपनीय रिपोर्ट सबके सामने इस प्रकार ली, जिससे सामरिक गोपनीयता भंग ना होने पाए और इसीलिए रामजी ने हनुमान जी को उठाकर अपने गले से लगाया। फिर हनुमान जी का हाथ पकड़ पकड़ कर अपने समीप बैठाया। नहीं नहीं श्री राम जी ने हनुमान जी को अपने अत्यंत समीप बैठाया, उसके बाद पूछा

कपि उठाई प्रभु ह्रदय लगावा

कर गहि परम निकट बैठावा

तब पूछा

कहू कपि रावन पालित लंका

केहि बिधि दहेउ दुर्ग अति बंका

दोनों रिपोर्ट प्राप्त कर राम जी ने हनुमान जी को आशीर्वाद दिया ।और कहा कि आपने इतना बड़ा काम किया है कि मैं आपका हमेशा ऋणी रहूंगा ।

सुनू सुत तोहि उरिन मैं नाहीं

देखेउं करि विचार मन मांही

इस प्रकार राम राम का रामकाज को करने वाले मारुति नंदन हनुमान जी को याद करते हुए जब सुंदरकांड का पाठ करेंगे तो परिणाम होगा सकल सुमंगल दायक रघुनायक गुनगान

सादर सुनहिं ते तरहिं भव सिंधु बिना जल जान

जय जय श्री राम

जय हनुमान

अरुण कुमार त्रिपाठी

12 रहत न प्रभुचित चूक

रहतनप्रभुचितचूककिये की

करतसुरति सौ बार हिये की

अपनों की कमी या गलती कोभगवानयाद नहीं रखते ।और न ही उसका कोई अन्यथा मन में रखते हैं। इसका सटीक उदाहरण है, हनुमानजी की गलती को अनदेखा करना, इतना अनदेखा करना कि किसी को भान ही नहोना कि हनुमान जी ने भी कौई गलती की होगी।

..........इसलिए आप का चकित होना स्वाभाविक है

क्या हैनुमान जी से भी कोई गलती हुईहै।?

। इस पर चिंतन करने से पूर्व यह भी विचारणीय है कि हनुमान जी कौनहैं

"पवनतनय बल पवनसमाना बुधि, विवेक, विग्यान निधाना"ऐसे हनुमान जी से गलती? होने की कोई संभावना तो है नहीं यही नहीं वे तो"ग्यानिनामग्रगण्यम् औरसकलगुण निधानम्"भी हैं।साथ ही रघुपति प्रिय भक्तं भी हैं।उनसे कोई गलती कैसे हो गई। श्री मान जी हमारेचिंतन का विषय हनुमान जी की गलती नहीं है वरन् श्री राम जी कृपालुता है, अपनों केप्रति प्रेम है।

वैसे भी कोइ कार्य गलत तबतक नहीं हो सकता जबतक उसकार्य कोकरने की मंशा (INTENTION) गलत न हो। यह भी ऐसा ही मामला है।इसीलिए हनुमान जी की गलती को श्री राम जी ने गलती नहीं माना। लेकिन वह है क्या, बता रहे हैं।धैर्य रखिये। अपने भक्तों की गलती को भगवान श्री राम ध्यान नहीं देते यह बताने के लिए गलती को तो सामने लाना ही पड़ेगा इसलिए हनुमान जी की गलती को ढूंढने का प्रयास करते हैं प्रभु श्री राम की इसी विशेषता को भरत जी पहले भी बता चुके हैं ने भरी सभा में उन्होंने बताया था मेरे प्रभु श्री राम तो खेल में भी मुझे प्यार देते रहे हैं अगर मैं खेल में हार जाता था तो भी प्रभु मुझे जीता हुआ घोषित कर देते थे। और स्वयं हार जाते थे

भरत जी कहते हैं

मैं जानऊं निज नाथ सुभाउ

अपराधिहु पर कोह न काऊ

मै प्रभु कृपा रीति जिय जोही

हारेहु खेल जितावहिं मोहीं

ऐसे कॅपालुराम के प्रति हमारा परम कर्तव्य हो जाता है कि कोइ गलती प्रभू राम केप्रति न होने पाए।अब विचार करते हैं क्या हनुमान जी से गलती हुई ?

सीता माता की खोज के लिए जाते समय हनुमान जी को श्रीरामने अपनी अंगूठी दिया औरकहा कि

"बहु प्रकार सीतहिं समझाएहु, कहिबल बिरह बेगि तुम हंधृय"। राम ने अपने विरह

का वर्णन सीता से करने के लिए कहा था ।हनुमान जी नेउसका अक्षरशः उसका पालनकिया ।सीता माता को समझाया कि

"तव दुख दुखी सुकृपा निकेता"। अगर संक्षेप में कहूँ माता तो

"जनि जननी मानहु जिय ऊना,

तुमते प्रेमु राम कै दूना"।

इस बात से माता जी इतना प्रभावित हुईं किअपने लाल को सबकुछ दे दिया। कपिल की बातें सुनकर माता को बहुत संतोष हुआ

मन संतोष सुनत कपि बानी। अभी माता को संतोष हुआ और तुरंत कपि तात हो गया माता ने कपि को तात (पुत्र) बना लिया ।

आसिष दीन्ह राम प्रिय जाना

होहु तातत बल सील निधाना

अभी इतनी प्राप्ति से हनुमान जी को संतोष नही हुआ वे पुलकित आनंदित नहीहुए।सीता जी भी समझ गईं ।और उन्होंने अपने लाल को सब कुछ नहीं तो बहुत कुछ तो दे ही दिया

"अजर अमर गुननिधि सुत होहू,

करहु बहुत रघचनायक छोहू"।

।यहाँ पर तो श्री राम जी ने केवल संकेत ही दिया था कि सी ता से क्या कुछ कहना है।, राम ने हनुमान जी से कहा था कि सीता जी से विरह का बखान करना है उस विरह में क्या क्या कहना है, नहीं बताया था ।वहां हनुमान जी ने अपनी बुद्धि और विवेक से राम के विरह का सीता जी से बखान किया ।किंतु सीता जी हनुमान जी से अभी कुछ घंटे पहले ही मिली हैं ज्ञानियों में अग्रगण्य हनुमान जी

को पूरी तरह पहचान नहीं पाई है इसलिए अपने संदेश में राम से क्या क्या कहना है हनुमान जी को पूरी तरह से समझा दिया। हे तात राम जी से मेरा संदेशा कहना और कहना कि क्या वे अपने बाण के प्रताप को भूल गए हैं और यह भी कहना कि क्या वे इंद्र के पुत्र जयंत की कथा भूल गए हैं नहीं तो मुझे मुक्त कराने में इतना विलंब क्यों हो रहा है आदि आदि ।माताजानकीने स्पष्ट रूप से कहाथा कि प्रभु राम से क्या कितना और कैसे कहना है

कहेउ तात अस मोर प्रनामा

, सब प्रकार प्रभुपूरन कामा

माता ने केवल प्रनाम करने को ही नहीकहा बल्कि कहा कि कैसे प्रनाम करना है, कहेउ तात, हे तात कहना, मोर प्रनामा, मेरा प्रनाम, अस, इस प्रकार।

आगे उन्होंने "इस प्रकार"को स्पष्ट भी कर दिया

सब प्रकार प्रभु पूरन कामा

दीन दयाल बिरद संभारी

हरहु नाम मम संकट भारी

अर्थात मेरी ओर से प्रभु सेकहना कि आपतो पूर्ण काम हैं। दीनोकी रक्षा करना ही आपकाबिरद है हे नाथ आप अपने इसी बिरद की ही रक्षा करिये।मै दीन हूं और कष्ट मे हूं मेरे भारी संकट को दूर करिये ।इसी अवसर पर उन्हे उनके बाण की शक्तिऔर मेरे प्रति उनकी अनुरक्ति स्मरण कराना इसके लिए उन्हे इंद्र पुत्र जयंत की कथा याद करा देना

तात सक्र सुत कथा सुनाएहु

बान प्रताप प्रभुहिं समुझाएहु इतना सब कुछ स्पष्ट समझा देने के बाद भी हनुमान जी ने सीता जी के वचनों पर ध्यान नहीं दिया और अपनी ज्ञानियों मे अग्रगण्य मति के अनुसार श्री राम जी से सीता की माता का व्यथा का बखान किया। संदेशवाहक का कर्तव्य होता है संदेश को यथावत अविकल रूप में सुनाएं। हनुमान जी ने सीता माता का संदेशा राम को सुनाया लेकिन जैसा सीता माता ने कहा था वैसा ज्यों का त्यों नहीं सुनाया नहीं सुनाया न तो राम कबाण की याद दिलाई और न ही जयंत की कथा की हीबात बताई। उत्तम मर्यादा ने उन्हें ऐसा करने के लिए विवश किया होगा। इसलिए उन्होंने कहा हे नाथ माता सीता ने आपके लिए मुझे कहने को कहा है कि छोटे भाई समेत प्रभु के चरण पकड़ना और कहना कि आप दीनबंधु हैं शरणागत के दुखों को हरने वाले हैं और मैं मन वचन और कर्म से आपके चरणों की अनुरागिनी ही फिर स्वामी आपने मुझे किस अपराध में मेरा त्याग किया गया है ।हनुमान जी ने कहा कि हे नाथ सीता जी की विपत्ति बहुत बड़ी है यह दीनदयाल उस विपत्ति को कहा जाना मुश्किल है ।आप तो शीघ्र चलकर के माताजी के कष्टों को दूर करके और उन्हें वापस ले आइये। हनुमान जी ने बहुत अच्छे ढंग से सीता माता की तकलीफ को कष्ट को राम जी से बता दिया और उनके कष्टों को सुनकर प्रभु के नेत्रों में भी जल भर आया फिर फिर उन्होंने विचार किया और कहां जो मन वचन और कर्म से मेरा ही आश्रय लिए है उसे क्या सपने भी कष्ट हो सकता है हनुमान जी आप तो सीता को कष्ट में बता रहे हैं और कह रहे हैं कि हरदा में उसे मेरा ही ध्यान है तब कष्ट क्यों है अब हनुमान जी को अपनी गलती महसूस हुई कि दोनों बातें सही नहीं हो सकती हर हर समय राम का स्मरण हो और भयंकर कष्ट हो ऐसा तो नहीं हो सकताजबकि हनुमान जी ने ही कहा हैकि

नाम पाहरू दिवस निसि

ध्यानतुम्हारकपाट

उन्होंने आगे कहा कि "सीता कै अति विपति बिसाला "इसीलिए अब स्वीकार किया और कहा हां प्रभु आपका कहना सही है। जीव को कष्ट तो तभी है जब वह आपका स्मरण न करे

कह हनुमंत बिपति प्रभु सोई

जबतव सुमिरन भजन न होई

लेकिन विलंब करने की आवश्यकता नहीं है और अनावश्यक समय न गवाकर सीता को शीघ्र मुक्त कराना चाहिए। क्योकि राक्षसों की गति और मति का कोई ठिकाना नहीं है आप तो शत्रुओं को मारकर के जानकी जी को शीघ्र ही ले आइए। हनुमान जी की अति उत्तम वाणी सुनकर के भगवान प्रसन्न हुए और उन्होंने हनुमान जी से कहा हे पुत्र मैं तुम्हारा ऋणी हूं तुम्हारे समान म कोई उपकारी नहीं है। मैं तुम्हारा प्रति उपकार भी नहीं कर पा रहा हूं मैं तो तुम्हारा ऋणी हूं। मैंने हर प्रकार से विचार करके देख लिया है मैं तुमसे उऋण नहीं हो सकता ।ऐसा कहते हुए देवताओं के रक्षक प्रभु बार-बार हनुमान जी को देख रहे हैं

पुनि पुनि कपिहिं चितव सुरत्राता

लोचन नीर पुलक अति गाता

नेत्रों में प्रेम का जल भरा है और शरीर पुलकित है इस पर हनुमान जी को लगा कि प्रभु ने मेरी गलती समझ ली है लेकिन फिर भी उसको प्रकट नहीं कर रहे हैं इसलिए फिर हनुमान जी ने अपने को बहुत दीन और सरल बनाते हुए प्रभु के वचन सुनकर उनके मुख तथा पुलकित रूप देखकर हनुमान जी भी हर्षित हो गए और प्रेम मे विकल होकर कहने लगे हे भगवान मेरी रक्षा करो मेरी रक्षा करो

मुझसे गलती हो गई(मुझसे गलती हो गई) हनुमान जी ने अपने मन में ही कहा और रामने उनको मन से माफ भी कर दियाऔर जता दिया कि

रहति न प्रभु चित चूक किये की

रक्षा करें रक्षा करें ऐसा कहते हुए हनुमान जी राम जी के चरणों में गिर पडे। ऐसा भक्त और भगवान का मिलन जल्दी समझ में आने वाला नहीं होता भगवान उनको उठाना चाहते हैं और हनुमानजी उठना नहीं चाहते।

ओम जय श्री सीताराम